青春文庫

誰も言わなかった古代史
謎の十三人を追え！

瀧音能之

青春出版社

顔のある歴史を求めて——はじめに

昔は今よりも「ヒーロー」や「英雄」「豪傑」がもっとたくさんいたように思う。本や芝居の中、落語や講談の世界はもちろん、現実の世界においてもである。ところが最近は、そうした類には、一般的に冷ややかな反応を示すようだ。もちろん、今でも映画やテレビでヒーローは活躍しているし、それが人気を集めてもいる。決して人びとがヒーローを嫌いになったわけではないだろう。しかし、その〝熱量〟は、ひと昔前とは比べるべくもなく、一様に冷めているように見える。日本人は、単純に以前のようには「英雄」を受け入れなくなったのではなかろうか。

そうなった理由として、わたしは日本人の生活が一定の豊かさを得るようになったことと無関係ではないと思っている。安定性を得たわたしたち日本人は、願望としてはヒーローをのぞむけれども、それはあくまでも願望であって、自身がいまある安定を捨ててまでヒーローになろうとは思わない。こうした心情が、いわば屈折したヒーロー観を生みだしたのではないか。

また、歴史研究の傾向もその一端を担っているように思われる。太平洋戦争に敗北して日本人の価値観は一変してしまった。古代史研究でいえば、それまで絶対的な聖典として信じられていた『古事記』、『日本書紀』に史料批判というメスが遠慮なく入ることになる。その結果、存在を疑うことすら許されなかった神武天皇以下の歴代の天皇の中でも、多くの天皇の不確実性が指摘されるようになった。

また、民衆史研究という分野が確立されたのも戦後のことである。民衆とは何か、ということは難しい質問であるが、百姓・都市民・漁民・山の民といった一般人を研究の対象とするのが民衆史研究といえるであろう。

ということは、戦後になるまで、こうした民衆が研究の対象となることは、ほとんどなかったわけであり、今から考えると驚くべきことといえるかもしれない。こうした歴史研究の流れが現代にも継承されているわけである。

もちろん、このような研究動向に対しては、賛否両論がみられる。わたしは基本的にはこうした研究の流れは当然と思っているが、誤解を恐れずにいうならば、何やら歴史に荒唐無稽さがなくなったのは寂しい気もしている。このようなことをいうと、何といいかげんなことをいう奴だとおしかりを受けるかもしれない。あるいは、戦前・戦中の歴史を荒唐無稽というのかと、これまたおしかりを受けるかもしれない。

しかし、ここでわたしがいいたいことは、最近の歴史叙述には、ダイナミズムが欠けているのではないかということである。ざっくばらんにいえば、歴史が面白くないということである。さらに言葉を変えるならば、本来、歴史とは、もっともっと魅力的なはずなのに……ということである。

その大きな原因のひとつは、人物史の研究の少なさにあるのかもしれない。現代でも聖徳太子などの特定の人物についての研究は盛んであるが、それらの人びとを除くと、人物を中心にする研究は決して多いとはいえないように思われる。その理由としては、ひとつには、その人物のみにとらわれずに、組織なり社会なりを全体的にとらえることが重要という考えがベースにあるのだろう。ただ、同時に、戦前・戦中の研究に対するトラウマのようなものも感じられるのである。

現代の歴史学研究の傾向のひとつとして、いつもあげられるのが、研究の細分化ということである。もちろん、研究が深化し、精緻な成果が生みだされることは大切であり、そのこと自体は、歴史のダイナミズム性がなくなることと直接には結びつかない。しかしながら、現実的にはそうもいかないようである。

一例をあげると、古代史家が一人で、日本史の通史を叙述することは至難の業であり、古代だけの通史を書くことさえも大変というのが現状である。わたしが学生だったころには、古代史の教授で日本史の通史を書いてしまう方や、古代史の講義をしつつも博士学位論文は中世史の研究で、さらには現代史も担当しているといった猛者《もさ》教授（?）もおられた。時代がちがう、研究情報量が現代は多すぎるなどといってしまえばその通りなのであるが、何かそれだけではいいつくせないものも感じるのはわたしだけであろうか…。

そのような思いの中で書いてきたものをまとめたのが本書である。一人でも多くの方に人物を通して歴史への興味をもっていただければ幸せである。

二〇二一年九月一〇日　瀧音能之

誰も言わなかった古代史　謎の十三人を追え！＊目次

カバー写真提供■アフロ
本文図版作成・DTP■フジマックオフィス

1章

弥生・古墳時代

1　卑弥呼――古代史最大のミステリーとなった女王の肖像

■謎の人物像

邪馬台国の女王である卑弥呼《ひみこ》は、古代史上最大の謎のひとつといってもよいであろう。謎がとけない原因としては、何よりも第一に史料の少なさがあげられる。何しろ文献的には、魏の陳寿（？―二九七）が著した『三国志』の中の「魏書」東夷伝倭人の条（一般には『魏志』倭人伝とよばれる）しかないのである。

したがって、きわめて限られた史料的条件の中で、邪馬台国の問題は考えなければならないわけであり、女王である卑弥呼については、なおさらそのことがあてはまる。

まず、卑弥呼が女王となったきっかけであるが、「倭国乱れ、相攻伐《あいこうばつ》すること歴年、乃《すなわ》ち共に一女子を立てて王と為す。名を卑弥呼と曰ふ」とある。これによると、倭国、すなわち日本列島で大乱が起こり、これをおさめるために立てられたのが卑弥呼ということになる。それでは卑弥呼という人物は、どのような女性であったかというと、「鬼道《きどう》を事《こと》とし、能《よ》く衆を惑《まど》わす」と記されている。この鬼道については、神祇信仰にもとづく呪術である道教的な呪術であるとかといった諸説がみられるが、いずれにしてもまじないなどによる呪術の一種と考えてよいであろう。つまり、卑弥呼は、呪術にたけた巫女《みこ》であり、この点からいうと宗教王という性格をもっていたといってよい。

また、「年已《すで》に長大なるも夫壻《ふせい》無し」とあることから、年齢的にはかなり老齢であり、夫はいなかった。この点からも巫女ということがうなずける。そして、「男弟有り、佐《たす》けて国を治む」とみえることから、卑弥呼には弟がいて、政治面はこの弟が担当していたことがうかがわれる。つまり、卑弥呼は巫女であり、あくまでも宗教王なのである。

卑弥呼は、宮殿の奥深くにいて婢や兵士によってガードされていて、人前にはほとんど姿をみせなかったという。

■卑弥呼の政治と外交

自らは巫女で宗教王としての性格をもつと考えられる卑弥呼であるが、一方では、政治的もしくは外交的活動もおこなっている。それは、景初三年（二三九）の魏への遣使である。これについては、当時、敵対していた狗奴《くな》国との関係を魏の権威をバックにして有利にはこぼうとしたためといわれている。この遣使によって卑弥呼は魏から「親魏倭王」の称号と銅鏡百枚などをたまわったが、狗奴国との問題が有利に展開したかどうかについては不明である。

そして、こうした情勢下で卑弥呼は、二四七年ごろに亡くなったようである。『魏志』倭人伝に、「卑弥呼以て死す」とあるのがそれであり、葬儀については、「大いに冢《つか》を作る。径は百余歩、殉葬する者、奴婢百余人」と記されている。卑弥呼の死因については、みたように『魏志』倭人伝には何もふれられていない。かなりの老齢であったことを考えると老衰か、もしくは病死とするのが最も自然であろう。しかし、この他にも呪的能力がなくなったための死であるとか狗奴国との抗争で戦死したのではなかろうか、などともいわれている。

卑弥呼の死後の政治に関しては、「更に男王を立てしも、国中服せず、更々《こもごも》相誅殺し、当時千余人を殺す」とあって、男王が立ったが、国が治まらず、殺しあいが続いたとされる。そこで、卑弥呼の一族の娘で十三歳であった壱（台）与が女王となり、ようやく国中がおさまったとある。

『魏志』倭人伝にみられる卑弥呼像を追いかけてみたのであるが、やはり、その実体はというと、謎のベールにつつまれたままという印象をぬぐえない。

実はこのことは、いままでも多くの人が感じてきたことのようである。そうした中で生まれてきたのが、卑弥呼＝神功皇后説と卑弥呼＝倭迹迹日百襲姫《やまとととひももそひめ》説である。この二説について次にとりあげてみたい。

■神功皇后の出自

神功皇后は、古代史上の女性たちのなかにあってもとりわけ、女傑としてのイメージが強い。それはいうまでもなく、あっという間に新羅を征討し、さらに百済、高句麗をも帰服させたという伝承によるところが大きい。しかしながら、この新羅征討（三韓遠征）伝承を含めて、神功皇后については謎につつまれた部分が実に多い。

そもそも神功皇后は、『日本書紀』によるとその名を気長足姫尊《おきながたらしひめのみこと》としている。気長は近江国の坂田郡のなかにみられる地名といわれているが、それと同時に、気長は息長に通じ、「息が長い」という意味になる。つまり、気長とは、生命感にみちあふれている、ということになり、こうした点でも気長足姫尊は活力のみなぎったタフな女性ということがいえる。名前からみても、まさに新羅征討の主人公にふさわしい人物ということになる。

気長足姫尊の父は気長宿禰《すくね》王とされ、母は葛城高額媛《かずらぎのたかぬか》といわれている。仲哀天皇の二年正月に皇后となった。ここに神功皇后が誕生するわけであるが、ときに皇后は二十四歳であった。

その性格や容姿については、『日本書紀』のなかに「幼《わか》くして聡明《さと》く叡智《さか》しく」「貌容壮麗《はなはだかほよ》し」と記されている。幼少のときからかしこくて、おまけに美貌であったというのであるから、まさに、いうことなしの理想的な女性といえよう。さらに、こうした性格に加えて、神功皇后には巫女的な性格もあったと記されている。つまり、神がかりして神の意思を伝えることができたというのである。まるで、卑弥呼のような女性ということもできる。

■卑弥呼と神功を結ぶ線

神功皇后に卑弥呼のイメージを重ね合わせるのは、まんざら根拠のないことでもない。この点については、神功紀の記事が注目される。

『日本書紀』は、原則として天皇ごとに項目を独立させるという編纂方針をとっている。しかし、神功皇后に関しては、仲哀天皇の皇后であるのにもかかわらず天皇的な扱いをして独立した項目、すなわち神功紀が立てられている。こうした点から神功皇后は、『日本書紀』において、天皇と同質の存在とみなされていたことがうかがわれる。

具体的に神功紀をみてみると、まず摂政三十九年条をみのがすことができない。ここには、割注として『魏志』倭人伝が引用されている。その内容はどのようなものかというと、明帝の景初三年六月に倭の女王が大夫の難斗米《なんとみ》（難升米とも）らを帯方郡に遣わし、天子に会見したいといってきたので、帯方郡の太守である鄧夏《とうか》は難斗米らを魏の都へ送ったというのである。

景初三年という年は、いうまでもなく二三九年にあたり、卑弥呼が魏へ遣使した年である。しかし、興味深いことは、明帝は二三九年の正月に死去しており、六月の段階には斉王芳が即位している。したがって、「明帝の景初三年六月」といういい方はおかしいということになる。

しかしながら、このことはさておくとして、引用された『魏志』倭人伝のなかにみられる倭の女王とは、卑弥呼をさすと考えられる。『日本書紀』の編纂者は、卑弥呼と神功皇后とを同一視していたのであろうか。

この点については、さらに、摂政四十年条にも『魏志』が引用されており、魏が正始元年に、建忠校尉である梯携《ていけい》らを倭国へ遣わして、詔書と印綬とを与えたとある。ちなみに、ここにみられる正始元年とは二四〇年にあたる。

また、これに加えて摂政四十三年条にも『魏志』が引かれていて、正始四年に倭王が八人を魏へ送ったことが記されている。ここにみられる倭王も卑弥呼のこととされている。こうしたことから、『日本書紀』の編纂者は、卑弥呼とは神功皇后のことであると考えていたともいわれるが、異論もあって簡単に断定することは困難である。

■新羅征討伝承を読み解く

神功皇后については、そもそもその存在自体を疑う見解が有力であるなど、謎の部分が非常に多い。しかし、いずれにしても神功皇后伝承のなかで中心的な位置を占める、新羅征討の伝承を無視することはできないであろう。そもそも新羅征討の伝承は、神功皇后の夫である仲哀天皇のときから始まっている。『古事記』の仲哀天皇の段をみると、まず、仲哀天皇の系譜がのべられており、そのあとからすぐに神功皇后による新羅征討伝承が記されている。

一方、『日本書紀』では、仲哀天皇二年三月に紀伊に天皇が巡行したときに熊襲がそむき、これを平定するために穴門《あなと》へと向かう。神功皇后はこのとき角鹿《つぬが》にいたが、やはり穴門へと向かう。『日本書紀』の記述は、このあと仲哀天皇八年条へとうつる。そして、八年九月五日に群臣に詔して熊襲征討についてはかることになるのであるが、このとき神功皇后が神がかりして、熊襲は「空国《むなくに》」であるといい、それよりも金・銀にあふれる国である新羅を討つべきであると、託宣を下すのであるが、天皇はこれを信じなかった。そして天皇は、高い山に登り、はるかに海をみわたして、国などみえぬのに神はどうしてそのようなことをいうのか、と神に問いかける。

ここで、神功皇后はまた神がかりして託宣を下すが、天皇はとうとうこれを信じようとせず、その結果、翌年二月に崩じてしまうことになる。こうした経過を経て、『日本書紀』は神功紀へとうつり、新羅への出兵となる。征討伝承の内容を追ってみるならば、まず、神功皇后摂政前紀九年十月三日に対馬の和珥津《わにのつ》から出発している。

一行が船出すると、飛廉《かぜのかみ》は風をまきおこし、波の神は波をおこして軍船の進行を助けた。それればかりでなく、海中の大魚がことごとく浮かんできて船をかついで泳いだので、軍船はいやがおうでも進み、水夫がひとつもこがずに新羅に到着したという。このとき、神功皇后の軍船がまきおこす波が新羅に押しよせ、国土の半分もが波におおわれてしまった。こうしたありさまに新羅王は恐れおののき、人々を集めて、建国以来、このようなことはおきたことがない、もはや天運が尽きたかといったが、そのとき神功皇后の軍船が海に満ちていっせいにときの声をあげた。

新羅王は、東方に日本という神国があり、天皇という聖王がいるときくといい、さらに、とても勝つことはおぼつかないといって降伏してしまう。さらに、百済王と高句麗王も降伏し、三韓は神功皇后によって平定された。神功皇后はそのあと筑紫に帰り、ここで応神天皇を生んだ。

これが神功皇后の新羅征討伝承のあらましである。もちろん、これは伝承であり、歴史事実とは考えにくい。何よりも非常に抽象的であり、具体性に欠けたものといわざるを得ない。

それでは、この伝承はどのようにしてつくられたのであろうか。まず、形成された時期であるが、七世紀の中ごろといわれている。それは、ヤマト政権がようやく国内政治の安定を確保し、朝鮮半島を支配下に置こうという発想が強まった時期にあたっている。七世紀の中ごろとする根拠のひとつとしては、舒明天皇と神功皇后との類似があげられる。舒明天皇の名が息長足《おきながたらし》日《ひ》広額《ひろぬか》尊であるのに対して、神功皇后は息（気）長足姫尊である。両者には「息長足」という共通の語句が含まれており、その類似性が指摘されている。こうしたことから新羅征討伝承は、このころにつくり出された可能性が高いように思われる。

そして、内容的にほとんど具体性をもっていない理由は、何よりもヤマト政権が神功皇后の新羅征討伝承にみられるような、大規模な出兵の経験をもっていなかったことをものがたっていよう。たしかに、ヤマト政権はいわゆる任那に足がかりを得るために朝鮮半島へ出兵したことはあるが、それはあくまでも部分的な戦闘であり、新羅征討伝承のような大規模なものではなかったと考えられる。また、こうした朝鮮半島への出兵の記憶すらも、七世紀の中ごろにはすでに色あせてしまっていたのであろう。これらのことが、新羅征討伝承を抽象的なものにしてしまい、有名な伝承であるのに、その実態をきわめてあやふやなものにしてしまっているのであろう。

■不可解な『風土記』の記述

神功皇后というと、「記・紀」に見られる新羅征討伝承が何といっても有名であるが、その他に奈良時代に国単位でまとめられた『風土記』のなかにも新羅征討の伝承を残している。

まず、『常陸国風土記』の行方《なめかた》郡の田里《たのさと》の条をみると、神功皇后の時代に古都比《こつひ》古《こ》という人物がいて、三度にわたって韓国へ遣わされ、その功労によって田を賜わったと記されている。ここにみられる韓国への派遣とは、もちろん新羅征討のことをさしていると考えられる。そして同書で、派遣が三度となっている点が注目される。「記・紀」では一回ですっかりかたづいている征討が、ここでは三度となっており、「記・紀」とは異なった新羅征討伝承もあった可能性をうかがわせている。

『播磨国風土記』にも新羅征討伝承がみられる。讃容《さよ》郡の中川里条がそれであり、神功皇后が韓国に渡るさいに、淡路の石屋《いわや》に船を停泊させたことが記されている。そのとき、大暴風雨がおこり、神功皇后をはじめ遠征軍の人たちはすべてずぶぬれになってしまった。そのとき、大仲子《おおなかつこ》という者が、苫《とま》を用いて屋《や》をつくり、かろうじて神功皇后の一行を救ったと記されている。

『摂津国風土記』の逸文として残されている美奴売松原《みぬめのまつばら》の条にも、神功皇后の新羅征討伝承がみられる。それには、神功皇后が筑紫へ向かう途中、摂津国川辺郡の神前の松原に諸神を集めて加護を願ったことが記されている。そのとき、美奴売神も加護を約束し、自分の鎮座している山から杉の木を伐りとって船を造ることを命じたので、神功皇后はその教えに従って船を造り、新羅を征討したとしている。

このように、『風土記』のなかにも、神功皇后による新羅征討伝承が断片的ではあるがみることができる。そして、さらに興味深いことは、こうした『風土記』にみられる伝承のいくつかについては、神功皇后のことを「天皇」と表記している場合があるということである。このことは、とりもなおさず、神功皇后を天皇とみる意識が『風土記』のなかにあったということであり、『日本書紀』に神功紀が立てられていることとあいまって、古代における神功皇后という人物の役割の大きさをあらためてわたしたちに認識させずにはおかないであろう。

■巫女としての倭迹迹日百襲姫

倭迹迹日百襲姫は、三輪の神霊をそなえた女性として知られる。孝霊天皇の皇女とされ、母は『日本書紀』では妃の倭国《やまとのくに》香媛《かひめ》、『古事記』では意富夜麻登玖邇阿礼《おおやまとくにあれ》比売《ひめ》命となっている。倭迹迹日百襲姫に関する伝承は、崇神紀に集中してみられる。まず、崇神紀七年二月十五日条が注目される。そこには、たびたびの災疫に悩む崇神天皇が姿をみせている。苦悩した天皇は、神浅茅原《かんあさじはら》で占ったところ、百襲姫に大物主《おおものぬし》神が神がかりして、「我を敬ひ祭らば、必ず当に自平《たひら》ぎなむ」とのべたので、天皇は教えられるままに祭祀したが、効果があがらない。そこで天皇は、大物主神になぜ効果がないのかと祈ったところ、夢に神があらわれて、「吾が児大田田根子《おおたたねこ》を以て、吾を令祭《まつ》りたまはば、立《たちどころ》に平ぎなむ」とのべたとある。

ついで、八月七日条には、百襲姫をはじめとする三人が、共に大田田根子命をもって大物主神を祭り、市磯長尾市《いちしのながおち》をもって倭大国魂神を祭れば、天下太平となるという夢をみたことが記されている。そして、天皇が大田田根子をもって大物主神を祭ったところ、ようやく疫病がやみ五穀が実るようになったとのべられている。

また、百襲姫は聡明であり、予知能力にもとんでいたといわれる。そのことが記されているのが、崇神紀十年九月九日条である。この条は、四道将軍の派遣のことが記されているのであるが、四道将軍の一人である大彦《おおひこ》命が不思議な歌をうたう少女に出会ったことを天皇に奏上したさい、その少女の歌から武埴安彦《たけはにやすひこ》の謀反を予言したと記している。

■箸墓古墳発見の本当の意味

このように、百襲姫には神がかりする力や予知能力がみられ、ふつうの女性とは異なった性格がうかがわれるが、大物主神との婚姻伝承は百襲姫の不思議な性格を決定づけるものである。この大物主神との婚姻については、やはり崇神紀十年九月九日条に伝承がみられる。

それによると、百襲姫は大物主神の妻となったのであるが、夫は夜のみやってきて昼は姿をみせなかった。そこで、百襲姫は夫である神に向かって、昼に会うことがないので顔をみることができません、どうか姿をみせて下さい、と願う。大物主神は、百襲姫の願いをききいれて、櫛笥《くしげ》に入っているから驚かないようにとつげる。百襲姫はいぶかしく思うが、いわれたように夜が明けるのを待って櫛笥をひらいてみると、うるわしい小蛇が中に入っていた。百襲姫は思わず驚いて、叫び声をあげてしまう。大物主神はその声に恥じて、すぐに人間の形に変身して御諸山《みもろやま》へと消えてしまうのである。

これが、崇神紀にみえる大物主神と百襲姫との間の婚姻伝承である。『古事記』にも大物主神の相婚説話が載せられているが、こちらの場合、大物主神の相手になるのは活玉依毘売《いくたまよりびめ》となっている。

ふたたび崇神紀にもどることにしよう。大物主神が御諸山にもどってしまったあと、百襲姫は自分が叫び声をあげてしまったことを後悔して、どすんとその場にすわりこむ。そして、箸を陰《ほと》につきさして死んでしまうのである。百襲姫は大市《おおち》に葬られ、その墓は箸墓と名づけられたという。崇神紀によると箸墓は、昼は人が造り、夜は神が造ったとされる。二上山の北に位置する大坂山から石を切り出し、山から墓まで人の手から手へと石を運んだと伝えられ、これが現在の奈良県桜井市の箸中にある箸墓古墳（大市墓）であるとされている。

箸墓古墳は全長約二八〇メートルの前方後円墳であり、古墳時代前期の築造である。葺石は近くの初瀬川から採取されたと推定されている。しかし、石室につかわれた石材はカンラン石輝石玄武岩で大阪府の柏原市国分の芝山産といわれており、大坂山から切り出したという伝承と一致すると指摘されている。百襲姫は、このあとにのべるように卑弥呼かともいわれており、もしそうだとすると箸墓古墳はとりもなおさず卑弥呼の墓ということになり、邪馬台国の位置問題に大きな意味をもつ古墳となってくる。

■卑弥呼とは何者か

百襲姫は三輪の大物主神との関係が強くみられ、神がかりしたということからもわかるように、巫女的な性格もうかがわれる。

こうした巫女的性格を重視して、邪馬台国を大和と考える論者の一部は、百襲姫は卑弥呼であるとしている。さらに百襲姫と卑弥呼とを同一視する論者たちは、百襲姫の伝承が崇神紀に集中していることに注目し、『魏志』倭人伝との関係についてものべている。

すなわち、『魏志』倭人伝に、「男弟有りて、佐《たす》けて国を治む」とあることに目をやり、百襲姫と崇神天皇との関係が、卑弥呼と男弟との関係に合わさるとしている。

このように、百襲姫を卑弥呼と考え、箸墓古墳を卑弥呼の墓とし、崇神天皇を男弟にあてはめる構想は、邪馬台国を大和とする論者にとってはひとつの拠りどころとなるであろうし、その構想も魅力的である。しかしながら、そうであるからといって、すぐに邪馬台国は大和にあったと速断することはもちろん早計であり、さらに検討が必要なことはいうまでもないであろう。

2　ワカタケル——鉄剣に刻まれた謎の名

■銘文発見までの経緯

銘文をもった鉄剣を出土した稲荷山古墳は、埼玉県行田《ぎょうだ》市の埼玉《さきたま》古墳群のなかにある。五世紀後期から七世紀初期にかけて一〇〇メートルクラスの大型前方後円墳が継続的に造られており、武蔵国造の墳墓と考えられている。稲荷山古墳はこの埼玉古墳群の北寄りに位置する前方後円墳で、残念ながら前方部は失われているが、主軸の長さは約一一四メートルで二重の濠をもっている。西に隣接して、わが国最大級の円墳である丸墓山古墳もみられる。

稲荷山古墳は昭和四十三年（一九六八）に県教育委員会が発掘調査し、後円部にあたる墳丘上に礫槨《れきかく》と粘土槨の二つの埋葬施設を検出した。粘土槨の方はすでに乱掘されていたが、礫槨からは環状乳四神四獣鏡・鉄剣・鉄鉾・勾玉・銀環・鉄刀・馬具・挂甲などが出土した。これらのうち、馬具は六世紀初期のものと考えられ、古墳の築造年代を決定する上でひとつの手がかりを与えてくれている。しかし、破壊された前方部からは五世紀後期のものとされる須恵器や土師器も出ており、稲荷山古墳の築造年代に謎をなげかけている。その後、昭和五十三年（一九七八）に、元興寺文化財研究所で鉄剣がレントゲン撮影された結果、一一五字の金象嵌の銘文が発見されたのである。

■一一五字に刻まれた謎

古代史上の大発見と話題をよんだ一一五字の銘文は、鉄剣の表と裏に金象嵌されている。具体的には表に、

辛亥年七月中記乎獲居臣上祖名意冨比垝其児多加利足尼其児名弖已加利獲居其児名多加披次獲居其児名多沙鬼獲居其児名半弖比

という五七字がみられ、裏には、

其児名加差披余其児名乎獲居臣也々為杖刀人首奉事来至今獲加多支鹵大王寺

在斯鬼宮時吾左治天下令作此百練利刀記吾奉事根原也

という五八字が記されている。その読みとしては、岸俊男氏が、

〔表〕辛亥の年七月中、記す。ヲワケの臣。上祖、名はオオヒコ。其の児、（名は）タカリのスクネ。其の児、名はテヨカリワケ。その児、名はタカヒ（ハ）シワケ。其の児、名はタサキワケ。其の児、名はハテヒ。

〔裏〕其の児、名はカサヒ（ハ）ヨ。其の児、名はヲワケの臣。世々、杖刀人の首と為り、奉事し来り今に至る。ワカタケ（キ）ル（ロ）の大王の寺、シキの宮に在る時、吾、天下を左治し、此の百練の利刀を作らしめ、吾が奉事の根源を記す也。

という読みを発表され、それ以来、それぞれの語句や名称などをめぐってさまざまな説が出されている。

まず、「辛亥年七月中記」であるが、これが具体的に何年にあたるかという点については、四七一年をとる説と五三一年をとる説との二説がみられる。年代決定のひとつの根拠は、稲荷山古墳の築造年代ということになろう。しかし、稲荷山古墳の築造年代は六世紀初期とされているものの、五世紀後期の可能性も残されている。

かりに六世紀初期の古墳とすれば「辛亥年」は四七一年と考える方が無理がないと思われるが、それでもなお五三一年の可能性がまったくなくなったというわけではない。

したがって、辛亥年については四七一年とする方が穏当であろうが、五三一年にあてることもでき、決定的な年代はいまだ出ていないといえる。また、「七月中記」の「中」の用例は朝鮮半島の金石文にみられるとして、この銘文の撰文者を半島からの渡来人とする説もある。

つぎに「乎獲居臣」についてであるが、「乎獲居」に関してはヲワケと読んで人物名とするのが一般的である。しかし、この人物の性格はというと、まったく異なる見解が出されている。ひとつは、系譜の上から次に問題とする大彦命の同族と考え、畿内の豪族である阿倍氏の一族と推測する説がある。もうひとつは、武蔵に勢力をはっていた地方豪族とする見解でここから武蔵国造につながる人物とする考えもある。

「臣」についても、文字通りに姓と解釈する説がある一方で、敬称の一種とみなす考えもみられる。また、水野祐博士のように、「臣」は姓ではなく人名であるとして、『日本書紀』の安閑天皇元年条に出てくる武蔵国造の笠原直使臣であるとする説もある。水野博士の考えによると「乎獲居」とは、笠原氏となる前の氏名ということになる。さらに、「乎獲居臣」を乎獲居直と考え、直を姓的な称号とみなして武蔵国造に関係する人物であるとする見解もあり、いまだ多くの謎につつまれているといえる。

「意冨比垝」は読みとしては、オオヒコでよいと思われるが、何者であるかについては謎が隠されている。一般には、孝元天皇の皇子で、崇神朝に活躍した四道将軍の一人である大彦命（大毘古命）にあてはめてとらえている。しかし、こうした『古事記』や『日本書紀』にみられる、大彦命に断定できるような確証が必ずしもあるわけではない。そこで、門脇禎二氏のように、「意冨比垝」は大彦命ではなく、「乎獲居臣」が大和に上番していたときに得た知識によってつくり出した、祖神名であるとする説もある。

「杖刀人首」も謎につつまれた語句である。というのは、この「杖刀人」という語句は、古代の文献にはそれまで姿をみせなかった用語なのである。『続日本紀』の慶雲四年（七〇七）七月丙辰条によると、天皇の親衛隊として授刀舎人寮が設置されており、これとの関係もいわれているが、何しろ「杖刀人」という用語は、稲荷山古墳の銘文鉄剣がはじめての使用例なのである。したがって、「杖刀人首」の解釈には、親衛隊長とする説や、そこからさらに一歩ふみこんで、東国の国造の子弟たちが舎人となって大和の宮城を守った親衛隊の隊長であるとする、井上光貞氏の見解もみられる。また、熊本県の江田船山古墳から出土した大刀銘の「典曹人」と対応させて考えるべきである、とする指摘もなされている。さらに「杖刀人」という表記は、より中国的であるともいわれており、やはり、多くの謎がいまだに残されている。

何よりも「獲加多支鹵大王」は、銘文のなかでも最も重要な語句といってよいであろう。読みはワカタケルとして、「記・紀」の五世紀・六世紀の大王のなかからこれに最も近い大王をさがし、大泊瀬幼武《おおはつせのわかたけ》天皇（『日本書紀』）または大長谷若建命（『古事記』）として姿をみせている雄略天皇にあてる説が一般的であり、定説といってもよいであろう。しかし、一方では本当にワカタケルと読むのが妥当かという疑問も残されており、雄略天皇に断定してしまうことにためらいをみせる考えも出されている。さらには、雄略天皇ではなく、関東の大王を考えるべきであるとする説もある。

したがって、「獲加多支鹵大王」は雄略天皇であり、五世紀末の段階でヤマト政権はすでに関東を支配領域としていた、という見解はなかば定説のようになっているものの、まだまだ解決されなければならない謎も残されているといわなければならないのである。

加えていうと、「寺」にも謎がある。この「寺」については、文字通りに〝寺〟とする説と〝侍〟の略記と考える見解とがみられる。〝寺〟とすると、政務を司る役所ということになる。しかし、この立場をとるにしても、解釈はさらに二つにわかれる。そのひとつは「朝廷」とする考えであり、もうひとつは朝廷のさまざまな役所ひとつひとつを「寺」とするという解釈である。また、〝侍〟の略記とする説においても〝侍して〟と読む考えと、〝侍として〟と読む考えの二通りがみられる。

斎藤忠氏は、限られた字数しか書けない金石文に、役所が「斯鬼宮」にあったときなどと記すのは、あまりにもていねいにすぎるとして、〝侍として〟と読む説をとっている。いずれにしても「寺」をめぐる謎についても、いまだ解けていないといえよう。

最後に、「斯鬼宮」についていわれているさまざまな謎をとりあげてみたい。通説的には、大和の磯城と関連づけて磯城泊瀬朝倉宮のこととされる。しかし、皇居名に郡名のような広域地名が使われることはないとして、磯城との関係を否定する説もある。また、大和の磯城ではなく、河内の志紀のこととする説もあり、さらには現在の栃木県藤岡町大崎に小字名として磯城という地名が残されていることに注目して、ここかとする見解も出されている。

このように、鉄剣に残された文字はわずか一一五字ではあるが、実に多くの謎がひめられており、今後の解明をまちつづけているといえるであろう。

■古代史に与えた「衝撃」

一一五字の銘文には、さまざまな謎がひめられており、未解決な点が多いのであるが、それにもかかわらず、この銘文が古代史研究に与えた影響は非常に大きいといえる。

まず、銘文全体についての重要性は、上祖オオヒコからヲワケノ臣にいたるまでの、八代の人物が系譜的に記されているということである。金石文にこうした系譜が記されているということは、史料にみられる系譜とはまたちがった意味で重要である。

銘文にみられる人物名も大変興味深い。そこには、ワカタケル大王といった雄略天皇に比定される人物や、四道将軍の一人である大彦命と同一人物といわれるオオヒコなどのように、従来からの文献に登場する歴史上の人物の名が確認される。これらの銘文の人物を雄略天皇や大彦命に重ねてしまってよいかどうかについては問題もあるが、注目に値することは事実であろう。また、ヲワケノ臣といった新たな人物名が記されていることも重要である。

このほかにも、「臣」の出現によって姓《かばね》制の研究は重要な研究資料を得ることができたし、「斯鬼宮」は、古代の宮都研究に際して重要な視点を提供したといえるであろう。また、「杖刀人」といった新しい用語の出現は、のちの授刀舎人との関係を考えさせずにはおかないであろう。さらに、古代史全体からいえば、畿内と東国との関係を考えるうえで、この銘文は大きな意味をもっているということができる。

3　応神天皇――王朝誕生が持つ意味

■謎の出生譚

応神天皇から新しい王朝が始まる、という考えは現在、多くの支持を得ている有力な学説と思われるが、そのよび方はさまざまである。

たとえば、始祖である応神天皇の名をとって「応神王朝」とよんだり、次の仁徳天皇の名から「仁徳王朝」と称したりする。かと思うと、この王朝の発祥地や基盤となった地域から「河内王朝」とか「難波王朝」とかといったりもする。さらに、この王朝に属する天皇の和風諡号の多くに「ワケ」が含まれていることから「ワケ王朝」とよばれたりもする。

しかし、いずれにしても第十五代とされる応神天皇から第二十五代に数えられる武烈天皇にいたるまでの王朝であることにはかわりない。

　応神天皇を新しい王朝の創始者とする根拠のひとつに、その出生譚の不思議さがあげられる。

『日本書紀』によると、仲哀天皇と神功皇后との間に生まれたのが応神であるが、父である仲哀は神の命である新羅征討をおこなわなかったために死期を早めてしまう。その後、応神をみごもった体で神功皇后は新羅征討をおこなうことになるのであるが、時に神功皇后は、産月をむかえていた。そこで皇后は石をとって腰にさし

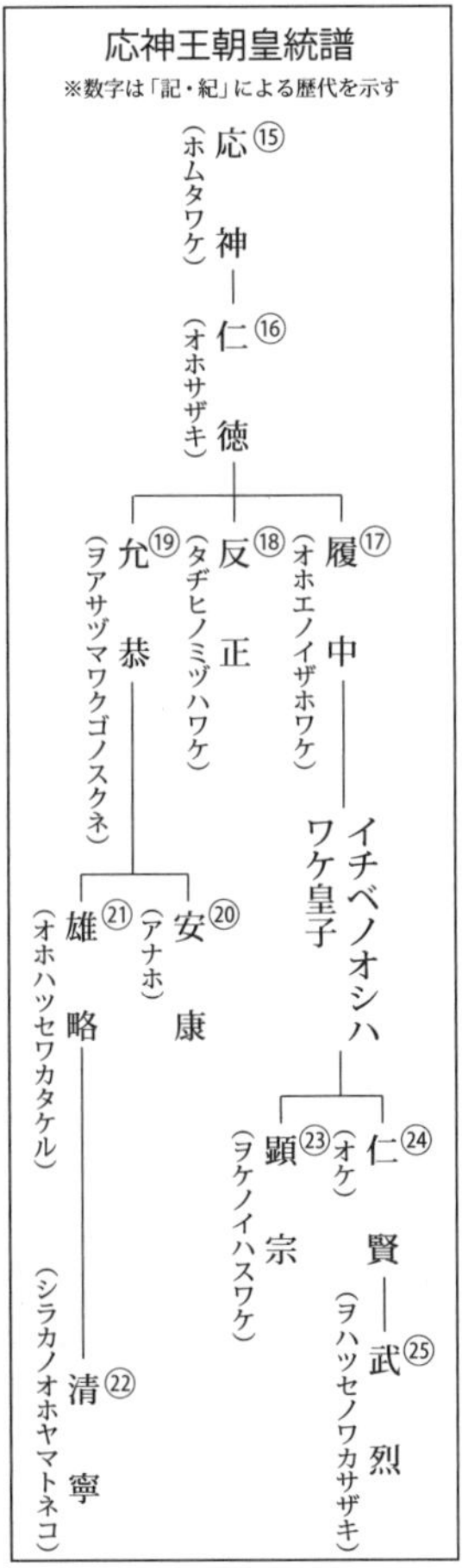

はさんで、「事竟《を》へて還らむ日に、茲土《ここ》に産《あ》れたまへ」と祈って新羅へ向かう。そして、平定を終えて筑紫にもどって無事応神を出産したというのである。

もちろん、この神功皇后の新羅平定は伝承であって、歴史的事実とは認められないが、ここにみられる応神の出生は非常に神秘的といえる。筑紫で生まれたということにも興味がひかれる。

父の仲哀は、新羅を討てという神託を受けいれず、熊襲を平定しようとして失敗して死去するわけであるが、『日本書紀』の一書には、「天皇、親《みずか》ら熊襲を伐ちたまひて、賊の矢に中《あた》りて崩《かむあが》りましぬ」と記されている。

つまり、この『日本書紀』の一書によると、仲哀は熊襲と交戦中に戦死したということになる。仲哀の九州での戦死、そして、応神の九州での出生は、大和を基盤とする仲哀までの王朝の崩壊とそれにかわる新しい王朝の誕生を示唆しているとも考えられる。

応神が新しい王朝の画期であると推測する見解の根拠としては、誕生後の応神の行動もあげられる。すなわち、麛坂《かごさか》王と忍熊《おしくま》王とが反乱を起こすわけであるが、この反乱を鎮圧して神功皇后と応神は大和に入ってくる。こうしたことも、大和にそれまでとは異なった新しい王朝が形成されたことをものがたっているのではないか、というのである。

応神の出生譚は、九州というその誕生地をはじめとして、たしかに不可思議なことが多く、新しい応神王朝の成立を主張する立場の拠りどころのひとつとなっている。

■実在性をめぐって

応神王朝を承認する研究者は多く、その立場からすれば、当然のことながら応神は実在の人物ということになる。しかし、一方では、応神の実在性を疑う見解もみられる。

たとえば、吉井巌氏は、『古事記』や『日本書紀』にみられる応神の伝承などを検討した結果、応神の実在性を証明することは困難であるとしている。吉井氏は、継体王朝の始祖である継体天皇が応神の五世の孫となっていることと関連させて、継体王朝が仁徳王朝（応神王朝）と同等の格をもち、その後継者として正統であることをのべるために応神という架空の天皇をつくり出したのではないか、としている。

こうした応神天皇非実在説をさらに展開したのは、前之園亮一氏である。前之園氏は、まず、応神が胎中天皇とよばれ、十五か月も胎内にあって、しかも、胎内にある時から神意によって天皇になることが決定されていたという出生譚からして神秘的であり、仁徳以後の天皇たちとは大いに異なっているとして、その実在性について疑問をなげかけている。

また、応神の名である「ホムタワケ」をとりあげ、「ワケ」を帯びていることから実在性が強いと考える説に対し、「ホムタワケ」の「ワケ」は祖先をあらわしているにすぎないとしてこれをしりぞけている。

また、応神朝には朝鮮半島から多くの渡来人がやってきたことになっているが、前之園氏によると、これも応神の架空性を示すものであるという。たしかに、応神朝には、弓月君《ゆづきのきみ》・王仁《わに》・阿知使主《あちのおみ》といった、なかば伝説的な人物の渡来が記されている。

『日本書紀』の応神天皇十四年条には、まず、弓月君が百済より渡来したことが記されている。弓月君は機織や養蚕の技術をもたらしたとされる人物で、秦《はた》氏はその子孫とされている。ついで、十六年条には王仁がやはり百済よりやってきたことがみえる。王仁は、『論語』や『千字文』などの典籍をもたらしたとされており、これが日本におけるいわゆる漢字伝来の起源となっている。王仁の子孫が西文《かわちのふみ》氏である。

さらに、二十年条には、阿知使主の渡来が記されている。阿知使主も文筆にたけており、子孫が東漢《やまとのあや》氏である。これらのほかにも応神朝のこととして、高句麗人・百済人・任那人・新羅人の渡来や、百済王による縫衣《きぬぬい》工女の献上や阿直岐《あちき》の渡来記事などがみられる。

このように、応神朝には、朝鮮半島からの渡来人の来朝や技術の伝来が数多く記されている。もちろん、これらの記事をすべてそのまま歴史的事実とすることはできない。前之園氏は、仁徳朝の河内平野の開発事業に注目して、こうした事業も前代の応神朝における渡来人の来朝や技術などの伝来が前提になっているとしている。前之園氏は、景行天皇から応神天皇までを「仮の人代」とし、仁徳天皇からを「真の人代」と規定しているわけであるが、応神をこの「仮の人代」のまとめ役として位置づけ、「真の人代」の始まりである仁徳への橋渡し役として創り出された天皇であろうと結論づけている。

一般には、応神王朝の始祖として、実在が自明のように思われている応神であるが、このように研究者によっては、その実在性を疑う見解もまたみられるのである。

■応神天皇＝仁徳天皇説の検証

応神天皇の存在を実在とする説のなかにおいても、さまざまな見解がみられる。そのひとつに応神と仁徳とが同一人物とする説があげられる。これは、直木孝次郎氏によって主張されたものであり、直木氏は応神と仁徳とはもともと同一の人物であり、一人の実在した天皇をのちになって応神と仁徳の二人の天皇にわけたと考えた。したがって、直木氏によると、応神も仁徳も共に実在した天皇であるということになる。

直木氏のこの応神、仁徳が同一人物であるとする根拠は、両天皇に関わる伝承のなかに類似したものがみられるということである。その例として、たとえば、『日本書紀』にみられる応神の妃エヒメと、『古事記』のなかの仁徳の段にみられるクロヒメの伝承があげられる。

応神の妃であるエヒメについての伝承は、応神が難波の大隅宮に行幸し高楼から四方をながめていたところ、妃のエヒメが西の方をみて、ためいきをついたというのである。応神がどうしたのかと聞くと、吉備の両親のことが気にかかるという。そこで応神は、エヒメが吉備へもどるのを許し、淡路島の御原《みはら》海人にエヒメを吉備まで送らせることにする。そののち、応神は、淡路島へ行幸し、さらに吉備へ出むいたという。これがエヒメの伝承の大筋である。

一方、クロヒメの伝承はというと、仁徳が吉備海部直の娘であるクロヒメの美貌をきいて難波宮に召し出したが、仁徳の皇后で嫉妬深いイワノヒメを恐れたクロヒメは吉備へもどってしまったというのである。難波津からクロヒメの船が出て行くのを高楼の上でみていた仁徳は、クロヒメを想う歌を詠じる。それを聞いたイワノヒメは非常に腹をたて、難波津に人をやって船からクロヒメを降ろしてしまい、徒歩で帰らせた。そののち仁徳は、皇后のイワノヒメをいつわり淡路島へ行き、そこから吉備へ向かってクロヒメに再会したというのである。

これがクロヒメの伝承である。先のエヒメの伝承と比べると、両者が吉備出身であること、天皇が女性と別れたのち淡路島を経由して吉備へおもむくといったストーリーの大筋など、類似した点を見出すことができる。こうした類似伝承は、「枯野」と名づけられた船の伝承にもみることができる。

まず、『日本書紀』の応神天皇の条をみると、伊豆国に命じて長さ十丈の大船を建造させたことが記されている。

この船はスピードがとても速く、馳《はし》るがごとくであったことから「枯野」と名づけられた。のち、「枯野」は老朽化して廃船となったが、「枯野」の名を後世にまで伝えたいと思った応神は、その船材で塩を焼かせ、その塩を諸国に賜って船を造らせた。その結果、五百艘の船が諸国から献上され、武庫水門に集められた。しかし、武庫水門に停泊していた新羅の船から火が出て、多くの船が延焼してしまった。このことを聞いた新羅王は、恐れ驚いて船大工を献上した。また、「枯野」の燃えのこりを用いて琴を作らせたところ、その音色は清らかではるか遠方まで聞こえたという。

この応神紀の伝承に対応するのが、『古事記』の仁徳天皇の段である。その内容はというと、免寸河の西に一本の背の高い木があったという。その木の影は、朝日が当たれば淡路島までとどき、夕日が当たれば河内と大和の国境の高安山を越えるほどであった。この大木を切って船を造ったところ、船足がとても速いので「枯野」と名づけ、この船で淡路島の清水を運搬して仁徳の飲料水として献上した。この「枯野」が破損したのち、船材を燃やして塩を焼いた。さらに、焼け残りを用いて琴を作ったところ、大変よい音色が七つの村に鳴り響いたという。

これが、仁徳天皇の段にみられる「枯野」の伝承である。先にみた応神紀の伝承と比較してみると、木材の所在地などの細部においては相違点がみられるものの、船足の速さや廃材で塩を焼き、さらに残りを使って琴を作るといった伝承の大筋については一致しており、もともとは同一の伝承であったと考えることは妥当であると思われる。

さらに、次の伝承も類似している。『古事記』の応神天皇の段には、酒を造ることがたくみな仁番《にほ》という人物のことがみえる。この人物はまたの名を須須許理《すすこり》といい、応神朝に渡来してきて、天皇に酒を献上したとされる。一方、『新撰姓氏録』の右京皇別下をみると、酒部公の記載がみられる。これによると、仁徳朝に兄曾々《えそそ》保利《ほり》と弟曾々保利《おとそそほり》という二人の人物が渡来したとある。この二人は酒造りの才があったと記されている。

これらにみる須須許理と曾々保利とは、同一人物とされている。もっとも、須須許理は応神朝に渡来したとあり、曾々保利は仁徳朝に来朝したと伝えられており、時期的に相違がみられる。しかし、この問題については、応神と仁徳とが同一であると考えるならば矛盾がなくなる。

応神と仁徳とが同一であるとする根拠としては、『古事記』の応神天皇の段にみえる吉野の国主《くず》の歌もあげられる。

そのはじめの部分「品陀《ほむた》の　日の御子　大雀」が問題とされている。「品陀」は応神と考えられるが、こうとると次の「日の御子」は皇太子であるから、応神の皇太子で仁徳となる。つまり、「品陀の日の御子」とは仁徳をさしているということになる。これに対して、「品陀の日の御子」は、応神そのものをさすとする解釈もある。このようにとると、「大雀」は仁徳のことであるから少しおかしなことになる。つまり、「品陀の日の御子大雀」の意味が「応神である仁徳よ」ということになるのである。この矛盾を解消するためには、応神と仁徳とが同一の天皇とするのが合理的ということになる。

このように、応神と仁徳とについては、類似の伝承がみられ、両天皇をもともとは一人の天皇であったとすることによってスムーズに理解できる面が多くみられる。その意味で応神・仁徳同一人物説は魅力的ではあるが、一方では、前之園亮一氏による詳細な批判もあって、いまだ断定的に結論づけるまでにはいたっていない。

■『風土記』のなかの応神天皇像

『風土記』は奈良時代に国ごとにまとめられたものであり、基本的には地誌であるが、そのなかには地域の風俗・習慣などが豊富にもりこまれていて、「記・紀」とはまたひと味異なったユニークな世界を形成している。天皇の記述についてもそのことがあてはまる。

応神が、現存する五つの『風土記』のなかで具体的にどのように姿をみせているかというと、『播磨国風土記』に集中的にみられる。あとは、『常陸国風土記』と『肥前国風土記』にそれぞれ一例ずつみることができるが、これらにはいずれも応神の具体的な足跡をみることができない。現存する五か国の『風土記』以外の、いわゆる『風土記』逸文にも応神の姿をみることができるが、逸文にも応神の具体的な足跡をみることはできない。

したがって、『風土記』のなかの応神像とは、とりもなおさず、『播磨国風土記』のなかの応神像ということにほかならない。『播磨国風土記』にみられる応神は、すべて「品太天皇」と表記されている。一般的にひとつの『風土記』のなかにおいて、天皇の表記が統一されていることはまれである。その意味でも応神は特殊といえよう。

次に応神の伝承を具体的にみていくことにするが、この点については、奥田誠氏の検討があるので、それによって考えてみたい。

数多くみられる応神伝承を大きくとらえると四つに分類することができる。そのなかでも、もっとも数の多いのが狩猟に関するものである。応神の伝承は、播磨国の餝磨・揖保・神前・託賀・賀毛の五郡にわたってみられるが、狩猟関係の伝承はそれらのすべての郡にみることができる。そして、それぞれに、英馬野《あがまの》、射目前（餝磨郡）、欟折山《つきおれ》（揖保郡）、勢賀川《せか》（神前郡）、鹿咋山《かくい》（賀毛郡）、目前田《まさきだ》（託賀郡）といった地名を残している。

第二の類型としては、開墾に関する伝承があげられる。たとえば、餝磨郡では多志野の開墾を命じているし、揖保郡では井戸を掘る伝承がみられる。また、神前郡には、蔭山里に道をつくる伝承が残されている。奥田氏は、土木開墾の伝承は一般に民間伝承の場合が多いとして、これらの伝承は民間伝承に応神が仮託されたものであるとしている。この第二類型における応神の姿の特徴としては、応神自身が開墾をおこなっているということがあげられる。これは、次の第三類型にみる応神像とは大きく異なっている。

第三類型としては、入植の伝承があげられる。たとえば、賀毛郡の楢原里の条をみると、大伴連らが開墾居住のための土地を応神に請求している。応神はこれに対して、国造の黒田別を召して地形を問いただしている。また、同じ賀毛郡の修布里には、品遅部の遠祖の前玉という人物が土地を与えられて品遅村をつくっている。この入植に関する伝承は、第二類型の開墾伝承と同様にみえるが、両者の応神像はまったく異なっている。というのは、入植の伝承には、応神が自ら開拓するという姿はみられず、そこには地方豪族の上に立って、彼らを支配する大王としての応神が顔をみせている。したがって、第二類型の開墾伝承とは、その形成過程がまったく異なっているといわれている。

第四の類型として国見の伝承があげられる。国見とは、支配する土地に対しておこなうもので、丘や山などから〝見る〟行為である。したがって、応神はここではすでに支配者としてえがかれていることになる。九州の『風土記』などで、景行天皇が征服者としての姿をみせているのとは基本的に異なるのである。『播磨国風土記』には、応神に限らず、天皇の征服伝承がみられない。これは、畿内に近接する播磨が、かなり早い時期にすでに中央勢力の支配下に組みこまれていたと思われることと無関係ではないとされる。

『播磨国風土記』の応神伝承は、このように四つの類型に分類することが可能と思われるが、地域的分布からも興味深いことが知られる。応神の伝承は、みてきたように、餝磨・揖保・神前・託賀・賀毛の五つの郡にわたって分布しており、加古・印南・宍禾・讃容・美嚢の諸郡にはみられない。つまり、播磨国の中央の平野部から東部の山間部にかけて応神伝承は分布していることになる。そもそも播磨国には、四つの勢力圏があったといわれている。その勢力を代表するのは、針間《はりま》国造の系統（餝磨・揖保・神前・宍禾・讃容郡を基盤）、針間鴨国造の系統（託賀・賀毛・美嚢郡を基盤）、吉備氏の系統（加古・印南郡を基盤）、明石国造の系統（明石郡を基盤）である。

これにしたがうと、応神の伝承を採用したのは、針間国造と針間鴨国造の系統であったということになる。それでは、どうしてこれらの勢力が応神の伝承をとり入れたのであろうか、ということが問題になってこようが、この点について明確にすることは残念ながら困難である。

ちなみに、「記・紀」には応神天皇の播磨国巡行記事はみあたらない。

これに対して、奥田氏は針間国造に関して検討を加えている。それは、『播磨国風土記』の神前郡多駝里条に登場する「佐伯部等が始祖阿我乃古」は、仁徳紀四十年条にみえる「播磨の佐伯直阿俄能胡」と同一と考え、さらに、景行紀五十一年条の佐伯部の設置に注目して、針間国造である佐伯氏はまず、自分たちの勢力の浸透時期を佐伯部の設置後とし、また始祖とされる阿我能古がすでに仁徳朝において出仕していることから、始祖の播磨国での勢力拡大を一代前にあたる応神朝と意識したのではなかろうか、というものである。そして、このことが、応神伝承の採用に反映しているのではなかろうかとしている。

『播磨国風土記』にみえる応神伝承は、地名の由来をのべることを目的としており、そこから歴史的意味を探り出すことはなかなか困難であるが、いずれにしても

「記・紀」の応神像とは異なった興味深い素材をそこにみることができると思う。

■仁徳天皇の「実名」

仁徳の名前の由来については、『日本書紀』の仁徳天皇元年条に記述がみられる。それによると、仁徳が生まれるときに産殿《うぶどの》に「ツク」がとびこんできたという。応神天皇がこのことをタケウチノスクネに話したところ、仁徳と同じ日に生まれたスクネの子の産屋にも「サザキ」がとびこんできたというので、これを吉兆として、応神とスクネはたがいにとびこんできた鳥の名をとりかえて子供の名としたというのである。その結果、仁徳は「オホサザキ」と名づけられたという。

この仁徳の名前であるオホサザキは、『古事記』では「大雀」、『日本書紀』では「大鷦鷯」と表記されている。『古事記』にみられる大雀の「雀《すずめ》」は、サザキとは本来、異なる鳥であるが、『古事記』ではサザキに通じさせている。サザキという鳥は、早春の時期に美しい声でさえずる小鳥で、体の色は黒褐色をしている。仁徳はこのサザキという小鳥にその名をおっているわけであるが、前之園亮一氏は、この名前は仁徳の実名ではないであろうとしている。

その理由はというと、仁徳をはじめとして、兄弟や姉妹にも鳥の名前を称するものがいるということがあげられる。

たとえば、仁徳の同母弟には、「ネトリノ皇子」がいるし、異母弟には「ハヤブサワケノ皇子」がいる。また、異母妹にも「メトリノ皇女」がおり、仁徳とその周辺には、鳥の名をもつ名前が集中している。前之園氏には、こうした現象は、仁徳が「真の人代」の冒頭に位置していることによるとしている。

人間の命には限りがある。その結果、やってくるのは死であり、それだから墓が必要になってくる。短命・死・墓づくりは人間の宿命である、と前之園氏は説く。そして、この死・墓・葬礼と鳥とは関係が深い。

これらのことに注目した前之園氏は、仁徳の時代はまさに真の人間の世の始まりであり、こうした時代認識に基づいて死や墓などと関わりの深い鳥の名がとられて人物の名になっているとして、「オホサザキ」は仁徳の実名ではないとしている。

それでは、さまざまな鳥の名前のなかで、なぜ仁徳に、サザキという小鳥の名から「オホサザキ」という名前がつけられたのであろうか、ということが疑問になってこよう。

この点については、前之園氏も問題にしており、サザキが陵、つまり「ミササギ」という言葉に近い鳥の名であるからであるとしており、そのサザキの上に偉大なという意味をもつ「オホ」という語がついて「オホサザキ」となったとされている。

さらに、これによって、オホサザキは「オホミササギ」、すなわち大きな陵の意味をも含むようにもなっているとしている。

このように、「オホサザキ」が仁徳の実名でないとするならば、仁徳の本当の名前は何というのであろうか。この点について、応神と仁徳とが同一人格であるという立場をとる直木孝次郎氏は、仁徳の名前は本来、「ホムタワケ」であったとしている。

それが時代をへて、応神と仁徳という二人の天皇に分化し、応神は「ホムタワケ」、仁徳は「オホサザキ」となったとしている。

これはなかなか興味深い見解であるといえるが、こうした考えは、あくまでも応神と仁徳とがもともとは同一であったという立場に基づくものであり、この立場をとらない場合には、仁徳の実名は不明としかいいようがないのである。

■聖帝伝承が生まれた理由

仁徳というと「聖帝」というイメージが強い。有名な〝かまどの煙〟の伝承は、聖帝としての仁徳を象徴する伝承といえよう。この伝承は、『古事記』にも『日本書紀』にもみることができるが、いまここでは『古事記』によってその大筋をみてみることにしよう。

仁徳が高い山に登って、四方の国をみて、国中にかまどの煙がたちのぼっていないのは民がみな貧しいからであるとして、今後三年間、民の課役を免除せよといった。そして、その間、仁徳も宮殿の修理をせず、器物で雨漏りをしのいだ。三年を経て国中をみてみると、かまどの煙がさかんに立つようになっており、民が豊かになっていることがうかがわれた。そこで仁徳は民に課役を命じることにしたが、豊かになった民はそのことに苦しむことがなく、仁徳の世をたたえて「聖帝の世」といったというのである。

これが仁徳に関する聖帝伝承である。この伝承は国見を背景としていると思われる。国見とは本来、神や王が山や丘に登ってその土地をみわたしてその土地を祝福したり、ほめたたえたりするものである。そして、国見をすることによって、その土地の支配権を明確にするのである。

それでは、こうした仁徳の聖帝伝承は、国見という行為のみに支えられているのかというと、決してそうとは思えない。それは、伝承の内容からも理解できるように、仁徳の慈悲深さ、いいかえると天皇としての理想の姿をのべることが第一の目的とされていることからもうかがわれる。

この点について、前之園亮一氏は、仁徳が真に人間らしい人間の時代の天皇の初代であるからとしている。前之園氏の区分にしたがうと、「真の人代」の初めの天皇が仁徳であり、聖帝伝承はそのことを象徴しているというのである。また、仁徳の伝承は、大和を拠点としたタケウチノスクネの後裔氏族とのつながりが強いとして、この聖帝伝承も平群《へぐり》氏や雀部氏などによって創作されたものであるとしている。

■安康天皇暗殺伝承の背景にあるもの

天皇が暗殺されるということは、かなり異例のことである。実際、大化前代において暗殺されたとされる天皇は、崇峻と安康の二人のみである。そして、この二人の天皇の伝承のうち、安康の場合は、まことに信じがたい内容をもっている。

『日本書紀』をみると、安康は弟の大泊瀬《おおはつせ》皇子（雄略）のために、大草香《おおくさか》皇子の妹の幡梭《はたび》皇女を求めたとある。その使者として、大草香皇子のもとへ遣わされたのが根使主である。しかし、根使主は、こともあろうに大草香皇子を讒言し、これを信じた安康は大草香皇子を殺害してしまう。

それのみか、安康は大草香皇子の妻であった中蒂姫《なかしひめ》を奪って、自らの皇后にしてしまう。眉輪《まよわ》王は、大草香皇子と中蒂姫との間の子であるが、母が安康の皇后となったので罪をかろうじて免れることができた。

その後、安康が皇后に語った言葉をきいて、ことの経緯を知った眉輪王は、安康が皇后の膝を枕にして酔って眠っているところを刺殺したというのである。『古事記』はその状況を、大刀をとって「乃《すなわ》ち其の天皇の頸《くび》を打ち斬りつ」と伝える。

これが眉輪王による安康暗殺の伝承の大筋である。まことになまなましく、また、にわかには信じがたい内容である。この伝承については、背後に履中系と允恭系の対立があるといわれている。この点について、川口勝康氏は『古事記』にみられる允恭系の伝承は特徴的であると指摘している。允恭の系統をみていくと、まず、允恭の皇太子である木梨軽《きなしのかる》皇子が同母妹である軽大郎女《かるのおおいらつめ》にたわけている。そのため、百官も人民も木梨軽皇子に背いて弟の穴穂《あなほ》皇子（安康）についたとされる。

その結果、木梨軽皇子は安康によって伊余の湯に流される。『日本書紀』の一書でも、伊予国へ流されたとあるが、同じ『日本書紀』でも本文の記述では流罪ではなく自決したことになっている。

木梨軽皇子の末期の相違についてはさておき、いずれにしてもこうした木梨軽皇子の失脚の原因は、同母妹の軽大郎女を姧したことによっているのは注目される。というのは、その木梨軽皇子をしりぞけて皇位についた安康が、先にみたように大草香皇子を殺害してその妻である中蒂姫を奪い皇后とするのである。中蒂姫は『古事記』の系譜では、允恭と大后の子ということになっている。これによると安康の同母妹となる。つまり、安康は木梨軽皇子と同様に同母妹と通じたことになるのである。

また、安康が木梨軽皇子を攻めた時に、同母兄である王に兵を向けては人に笑われるから兵をやってはいけないと諫められているが、安康が眉輪王に暗殺されたあとに即位した雄略も同母兄を二人も殺害している。つまり、安康もその弟である雄略も、いわば人に笑われる所業をなしたということになる。

このようにみると、允恭の系統は木梨軽皇子・安康・雄略らが、ともに人としてあるまじき笑われる行為をなしたことになっている。これら一連の伝承は、歴史的事実というよりも、つくられた伝承という印象が強い。そして、その創作の背後には、允恭系と対立した履中の系統の影がみえかくれしているといわれている。

■『日本書紀』のなかの雄略天皇

『日本書紀』にみられる雄略天皇は、非情で専制的である。とくに即位前記には、その傾向がいちじるしい。具体的にいうと、同母兄である八釣白彦皇子《やつりのしろひこ》と坂合黒彦皇子《さかあいのくろひこ》をはじめとして、眉輪王・市辺押磐皇子《いちべのおしは》・御馬皇子《みま》などの皇族を攻め殺し、それらに関連して円大臣《つぶらのおおおみ》らをつぎつぎと殺害している。雄略の虐殺ぶりは女性にもおよんでいる。

雄略紀二年条にみえる百済池津媛《くだらのいけつひめ》の殺害はその例である。ことの起こりは、雄略が池津媛を召そうとしたが、池津媛がこれを拒否して石川楯と通じたことにある。雄略はこのことを知り大いに怒って、池津媛らの手足を木に縛りつけ、桟敷の上に置いて火をつけて焼き殺したというのである。

これらの所業の結果、雄略は「大悪天皇」と称せられることになるのである。この「大悪天皇」という呼称は、雄略紀二年条に記されているのであるが、不思議なことに、同じ『日本書紀』の雄略天皇四年条には「有徳天皇」と記されているのである。この四年条には、雄略が山中で一言主神《ひとことぬしのかみ》と出会ったという記事が載せられている。

実際、この四年条以後の雄略は、暴君としての姿は影をひそめ、まさに「有徳天皇」として雄略像がえがかれている。また、水野祐博士は、『古事記』にみえる雄略像に注目され、磯城《しき》の大県主が天皇の宮殿と同じような家を建てていたので焼き払おうとしたが謝罪したので許したという伝承や、怒った猪に追いかけられて樹の上に逃げ登ってふるえた雄略の伝承などにみられるように、そこには暴虐でデスポット的な雄略の姿はみられないと指摘している。

このように雄略には、「大悪天皇」という側面と、それとは正反対の「有徳天皇」という一面がみられるのである。したがって、『日本書紀』の即位前記などにみられる異常なまでの残虐行為を、そのまま雄略の実際の所業としてよいのかどうかためらいを感じざるを得ない。むしろ、水野博士の説のように、『日本書紀』の雄略紀は、全体として雄略の専制君主としての姿をえがきたかったと考える方が妥当なように思われる。

つまり、雄略は、「大悪」も「有徳」もやってのける、善にも悪にも強いまさに専制君主として『日本書紀』には登場しなければならなかったのである。それは、ヤマト政権の拡大期を生きぬいた雄略の宿命でもあった。

■倭の五王の「上表文」の意図

五世紀に讃・珍・済・興・武の倭の五王が、中国王朝に使者を遣わしたことは、よく知られている。しかし、その内容面に立ち入ると、いまだ不明な点も多い。たとえば、倭の五王が「記・紀」のなかの何天皇に当たるのか、というもっとも素朴な問題さえ解決されていない。

この点については、系譜関係などから、済・興・武に関しては、允恭・安康・雄略というのが定説的になっているが、讃と珍とについては応神や仁徳などを当てる説をはじめ諸説があって、いまだに定説をみていない。

また、倭の五王がいつから遣使を始めたかについても、実は問題がある。一般的には、東晋に対して四一三年に初めて使が遣わされたとされている。それは、『晋書』の安帝紀の義熙九年(四一三)条に、「是歳、高句麗、倭国、及び西南夷の銅頭大師、並びに方物を献ず」とあることによる。また、『梁書』の諸夷伝の倭人条には、「晋の安帝の時、倭王賛有り」として、倭王の名の賛(讃)まで明記している。『晋書』も『梁書』も唐代にいたって編集された文献ではあるが、この四一三年の倭王の遣使については疑いがさしはさまれることはなかった。

しかし、この四一三年という年代には、さまざまな問題点が指摘されるようになってきている。まず、『晋書』の記事であるが、これは実は、北宋時代に編纂された類書の一つである『太平御覧』のなかからみつけ出された逸文なのである。『義熙起居注』がそれであるが、そのなかには、「倭国、貂皮・人参等を献ず」とみえる。ここにみえる貂皮や人参といった物産は、高句麗の特産とされるものである。こうしたことに注目して、貢物を媒介として高句麗と倭国の間に密接な関連がうかがわれる、という指摘が池田温氏によってなされている。

そして、池田氏はこの四一三年の遣使を、高句麗の主導によってなされた高句麗と倭国の共同入朝であると主張している。これは四一三年に高句麗と倭国とが遣使しているのは、倭国が高句麗に対抗したものと考えられていた従来の説とはまったく異なっている。

しかし、四一三年が高句麗の好太王が亡くなった翌年であることなどを考えると、この時期、高句麗と倭国とが共同で中国に遣使するなどというのは考えられない、ともいわれている。むしろ、高句麗と倭国とは敵対関係にあったとみる方が適切というのである。それでは、四一三年の入朝をどのように考えるのがもっとも合理的か、ということになる。

この点について、坂本義種氏は、この倭国の使とは実は高句麗に捕らえられた倭国人であり、高句麗がこのようにしたのは、遠夷入貢の名目で東晋の歓心を買うのがねらいで、合わせて自己の威勢を誇示しようとしたのであるとのべている。

川口勝康氏は、この坂本説に対して疑問もあるが、『義熙起居注』の内容にもっとも整合した解釈であるとしている。そして、さらに、この坂本説のように考えると、『梁書』にみられる倭王の賛が遣使したという内容は史料的に正しくないとして、倭の五王に関しては『宋書』を重視すべきであるとして、『宋書』が記す四二一年の遣使こそが倭の五王の最初のものであるとしている。

このように、倭の五王の中国入朝については、実はさまざまな疑問が内在しているのであるが、これら五王の遣使の目的は、いったい何であったのであろうか。この点について『宋書』の記事をみると、倭王は一貫して官爵を宋朝に求めていることが重要とされている。

倭の五王が要求した官爵は「安東大将軍」であり、これと同時に「使持節・都督倭・百済・新羅・任那・秦韓・慕韓・六国諸軍事」の称号も要請している。こうした称号は、「征東大将軍」という称号を与えられた高句麗を意識し、それに対抗したものであろうことは容易に理解することができる。しかし、高句麗という対外的な面のみのものではないともいわれている。つまり、国内的な面も重要であるというのである。それは、倭王が自らの基盤である軍事権を、その当時の国際関係のなかで位置づける必要があった、ということである。

その効果は、国内の軍事的勝敗の結果がただちに王系の交替にならないための安全弁となっている点にある。つまり、こうした対外的および国内的の両面からの必要性において、倭王は中国に対して官爵を求めたのであり、この官爵を得ることが倭の五王の遣使の最大目的であったのである。

■武烈天皇の描かれ方からわかること

武烈は「記・紀」ともに八年の在位年数を数えるが、その治世は残虐をきわめ、暴君の典型とされる。『日本書紀』は武烈のことを、悪いことばかりをおこない、善いことはひとつもしなかったと評し、さらに、もろもろの酷刑でみないというものはなく、民はみな震え怖れたと記している。いかにも武烈に対する描写らしい描写ということができよう。しかし、『日本書紀』のこの記述のすぐ前の部分には、武烈は成人して罪人を罰し物事のすじみちを正し治めることを好み、法令をよくわきまえて日の暮れるまで政治を執ったとあり、さらに、世に知られずにいる無実の罪は必ずみとおし、人民の訴えに対しても情を得た裁きを下した、と記されている。

このように、まったく背反する記載が並んでいることを考え合わせると、『日本書紀』がいう武烈の暴君像も何やらあやしくなってくる。そして、何よりも『古事記』の武烈天皇の段をみると、その全文をみても武烈の暴虐ぶりについてはまったく記されていない。こうしたことに注目して、水野祐博士は、武烈紀がいったんできあがったのちに、武烈を暴君とする必要が生じ、記事が書き加えられたのではないかとされている。

具体的に、武烈紀によって暴虐ぶりをみるならば、二年条には妊婦の腹を割いて胎児をとり出してその形をみたとある。ついで、三年条には人のなま爪をはいで、いもを掘らせている。四年条には人の頭髪を抜いて、樹の上に登らせその木を伐り倒して人が落死するのをみて楽しみとしている。さらに、五年条には人を池の水を流すための樋《ひ》に伏せて入らせ、外に流れ出てくるところを三刃の矛で刺し殺すのを楽しみとしたとある。また、七年条には人を樹に登らせて、それを弓で射落として笑ったとあり、八年条には裸女の前で馬婚をさせてみせ、女性の情感の度合いを確かめて殺したり、官婢にしたりして楽しんだと記されている。

武烈がおこなったとされるこれらの暴虐行為に対しては、古代中国の典型的な暴君である桀《けつ》や紂《ちゅう》の行為に類するように作為されたのであろうと考えられている。さらに、水野祐博士は、雄略から継体までの間の年数と各天皇の崩年をくわしく検討された結果、武烈を架空の天皇としている。つまり、武烈は皇統の断絶を理由づけ、正当化するためにつくり出された天皇であり、実際には存在しなかった天皇ということになるのである。

4 筑紫国造磐井――不可解な「内乱」の背景にあるもの

■磐井の乱の背景にあるもの

継体《けいたい》朝に起きた磐井《いわい》の乱は、国内的にもまた朝鮮半島をめぐる外交にも重要な意味をもっている。

そもそも、継体朝自体が多くの謎を含んでいる。継体天皇は、応神《おうじん》天皇の五世の孫ということになっているが、水野祐博士によって提唱されたいわゆる三王朝交替説によれば、それまでの王朝とは血縁的につながらない新しい王朝の大王とされている。

継体天皇は、越前から、時の実力者・大伴金村《おおとものかなむら》らによってむかえられ、河内で即位したのち、二十年の歳月をかけて大和へ入っている。その治世中には、百済から五経《ごきょう》博士が貢上されたり、司馬達等《しばたっと》による仏教の私伝があったりして文化的な進展がみられたが、その一方で、任那四県の百済への割譲に象徴されるように、朝鮮半島における倭《やまと》（日本）の立場は次第に弱くなりつつあった時期でもあった。その原因には、半島における新羅の台頭があげられる。

磐井の乱は、継体天皇二十一年（五二七）のこととされる。この年の六月に、近《おう》江毛野臣《みのけぬのおみ》が六万の兵をひきいて任那へ渡ろうとした。新羅に侵略された南加羅《から》や喙己呑《とくことん》の地を奪い返して任那に併せるのが目的であった、と『日本書紀』は記している。

新羅に侵されたとされる地域のうち、南加羅は慶尚南道金海の金官国とその周辺にあたるが、ここが新羅によって攻略されたのはこれ以後のことであるから『日本書紀』の記事には誤りがみられる。

けれども、この時期、朝鮮半島南部は不安定な状態であったことは事実であった。継体天皇六年（五一二）の任那四県の百済への割譲に加えて、翌年六月には、百済より、任那北部の国である伴跛が百済の領土である己汶《こもん》を奪ったという奏上がなされた。この件については、同年の十一月に、百済の姐弥文貴《さみもんき》将軍、新羅の汶得至《もんとくち》、安羅《あら》の辛已奚《しんいけい》・賁巴委佐《ほんはわさ》、伴跛の既殿奚《こでんけい》・竹汶至《ちくもんち》らに恩勅を下すとともに、己汶《こもん》・滞沙《たさ》の地を百済に与えている。

こうした処分に対して、伴跛は珍宝を倭（日本）に送ってきて、己汶の領有を願ったが許されなかったため、城を築いて倭（日本）に反抗する態度をとる一方で、新羅に対して攻撃を開始することになる。その後、伴跛などの加羅（任那）諸国は新羅と婚姻関係を結んで友好をはかろうとするが、それも結局は破れてしまい、新羅が加羅を侵略するという事態になるのである。

このように、朝鮮半島南部をめぐる情勢は複雑かつ微妙であり、気のぬけない状況であった。

■「記・紀」の反乱伝承

さて、磐井の乱は、近江毛野臣が軍をひきいて朝鮮半島に渡ろうとしたことに端を発しているが、『日本書紀』によると、筑紫国 造《つくしのくにのみやつこ》であった磐井は以前よりひそかに反乱を起こそうとタイミングをねらっていたようである。

このことを知った新羅が、磐井のもとに貨賂《かろ》、つまり、まいないを送ってきて毛野の軍をさえぎるように働きかけてきた。この誘いに応じて、ついに磐井が反乱を起こしたのである。

磐井は、火《ひ》の国（肥前・肥後）と豊《とよ》の国（豊前・豊後）に勢力をはって、対外的には、海路をおさえて高句麗・百済・新羅・任那などの諸国から派遣されてくる貢納船を自分のところに引きいれたとある。

また、国内的には、任那へ出兵しようとした近江毛野に対して、「お前は今でこそ使者などになっているが、昔は俺と同じカマの飯を食った仲ではないか。急に使者になったからといって、何で俺がお前に従わなければならないのか」などと無礼な言葉をどうどうといって毛野の軍を妨害した。このため、近江毛野は朝鮮半島へ渡ることができずに立ち往生してしまった。

こうした磐井の反乱に対して、継体天皇は、大伴大連金村《かなむら》・物部大連麁鹿火《あらかひ》・許勢《こせ》大臣男人《おひと》らに誰を鎮圧軍の将軍として派遣すべきであろうかとはかったところ、金村らは麁鹿火を征討大将軍にすることを進言した。

そこで、八月、物部大連麁鹿火に斧鉞《まさかり》を授けると、長門から東は天皇が支配するとし、筑紫より西は麁鹿火に支配をまかせた。そこで、物部大連麁鹿火は征討大将軍として九州へ出発し、翌継体天皇二十二年十一月に筑紫の御井《みい》郡で自ら磐井と交戦した。

両軍の戦いは壮烈をきわめたが、結局、この戦いを制したのは物部大連麁鹿火であり、敗れた磐井は斬られ、反乱は鎮圧された。翌十二月、磐井の子である筑紫君葛子《くずこ》は、父の罪に連座して罰せられることを恐れて糟屋屯倉《かすやのみやけ》を献じて死罪をのがれようとした。そして、この反乱の翌年、ようやく近江毛野臣は海を渡り安羅へ至ったものの、当初の成果をおさめることはできなかった。

以上は『日本書紀』にみられる磐井の乱の内容である。『古事記』にも、磐井の乱についての伝承がみられるが、『日本書紀』と比べるとその内容はいたって簡単なものである。

それによると、継体天皇の時代に竺紫君石井《いわい》が天皇の命に従わず無礼なふるまいが多かったので、物部荒甲大連と大伴金村連の二人を遣わして石井を殺害したとある。

『古事記』の記事は、このように実にあっさりとしたものであるが、よく読むと、『日本書紀』と微妙にくいちがっていることに気がつく。それは、磐井を鎮圧するために派遣される人物の問題である。

『日本書紀』では、物部麁鹿火が大将軍として九州へおもむいているが、『古事記』によると、物部荒甲（麁鹿火）と大伴金村の二名が派遣されたことになっている。この点については、『古事記』の記事の方が正しいように思われる。というのは、『日本書紀』には、物部麁鹿火が大将軍に任じられるさいに、祖先の功業をのべるくだりがあるが、そのなかで麁鹿火は、ライバルである大伴氏の功績をのべている。ふつうに考えると、当然のことながら物部麁鹿火の言葉としてはふさわしくない。しかし、これを大伴金村の奏言とすれば話は別で、そこにはまったく違和感は生じないであろう。

こうしたことを考え合わせると、この物部麁鹿火の奏言は本来、大伴金村によってなされたものであり、それが『日本書紀』の編纂の段階で麁鹿火の奏言にすりかえられたと推測することもできる。

こうしたことをふまえると、『古事記』の記事は量的には少ないながらも、質的には重要なものを含んでいるといえる。また一方、『日本書紀』の記事については、反乱の経過についてかなりくわしくのべられてはいるものの、その内容に関しては潤色されている点もかなりあるということを考慮してみていく必要があるであろう。

■『風土記』の反乱伝承

磐井の乱については、「記・紀」の他に『風土記』にかなりの分量の記載をみることができる。

『風土記』は、奈良時代に国単位で編纂されたものであるが、現在、まとまった形で残されているものは、常陸・出雲・播磨・豊後・肥前の五か国のもののみである。しかも、豊後・肥前など西海道（九州）の諸国の『風土記』については、大宰府《だざいふ》においてひとまとめにして編纂されたといわれている。

それでは、これらの五か国以外の『風土記』は、現在、まったく見ることができないのかというとそうではなく、いくつかの国については、部分的にその内容を知ることができる。こうした部分的に残されているものを総称して『風土記』の逸文《いつぶん》とよんでいる。

磐井の乱のことが記されている『風土記』は『筑後国《ちくごのくに》風土記』であり、したがって、この記事は逸文のひとつということになる。この部分は、『釈日本紀《しゃくにほんぎ》』に引用されており、そのために運よく残ったのである。

具体的に内容をみてみると、上妻県の南方二里のところに筑紫君磐井の墓があるとして、そのサイズが記載されている。さらに、墓の周囲には石人と石盾とがめぐらされており、その数は六〇枚ずつであったという。

そして、墓の東北の角には衙頭とよばれる部分が設けられており、一人の石人が立っている。この石人は解部《ときべ》であるという。解部とは刑部省の役人であり、罪人に対して拷問などをおこなって取り調べるのが任務である。刑部省には大解部一〇人、中解部二〇人、少解部三〇人の合わせて六〇人がそれぞれ配されていた。磐井の墓の上には、この解部が立っており、その前には裸形の盗人の石人が一人、地に伏していた。

この盗人は猪を盗んだことによってその罪を決定されようとしているところだという。その側には盗んだとされる石の猪が四頭ばかり置かれている。また、そこには、石馬が三疋いるほか、石殿や石蔵もあった。

これらは、磐井の墓についての様子であり、衙頭に解部がみられるのは、磐井がかつてヤマト政権において訴訟を司ったことがあったのであろうともいわれている。

『筑後国風土記』の逸文はさらに続けて磐井の乱についても記述している。

古老の伝承として、継体天皇の時代に筑紫君磐井が乱暴で天皇に従わなかったと記されている。そして、磐井は生前にあらかじめ墓を造っていたとものべられている。反乱の経過については、官軍が磐井を急襲したとあり、磐井は勝つみこみがないことをさとって、一人で豊前国の上膳県に逃れて南の山の険しき嶺の窪地に姿を消してしまった。追手の官軍もここで磐井を見失ってしまい、その怒りは磐井の墓の石人や石馬に向けられた。官軍の兵士たちは石人の手を折り、石馬の頭を打ち落としたとある。

そして、『筑後国風土記』の逸文は最後に、古老の伝承として上妻県に全盲、両脚の発育不全や歩行不能、癲狂などの篤疾が多いのは、こうした官軍の行為に対する祟りであろうか、と結んでいる。

『筑後国風土記』の逸文の伝承で興味深いのは、磐井が豊前国の上膳県まで逃れてそこで行方不明になったとしていることである。「記・紀」のように、磐井が征討軍によって殺されたことを明記していないことをどのように考えたらよいのであろうか。

実際のところ磐井の最期を明らかにすることは、史料的には困難である。あるいは、『筑後国風土記』が伝えるような結末であったのかもしれないし、また、あるいは地元の判官びいきともいうべき感情が『筑後国風土記』に反映されているのかもしれない。

■岩戸山古墳は磐井の墓か

『筑後国風土記』にみられる伝承で興味をそそられるもうひとつの点は、岩戸山古墳《いわとやまこふん》をはじめとする八女《やめ》古墳群との関係である。

八女古墳群は、現在の福岡県八女市吉田の丘陵上に西方から東方へかけて約六〇基の古墳が確認されており、そのなかでも西方に位置する石人山《せきじんやま》古墳は五世紀半ばに比定されており、その東の岩戸山古墳が六世紀前半、そのまた東方の乗場《のりば》古墳は六世紀後半の古墳と考えられている。こうしたことから、石人山古墳を磐井の祖父、岩戸山古墳を磐井自身、乗場古墳を磐井の子の葛子の墓にそれぞれあてる説もみられる。

石人山古墳は、全長一一〇メートルの前方後円墳で西を向いている。後円部頂上に横穴式石室の技法を石棺にとり入れた横口式家形石棺をすえている。さらに、その棺蓋には、円文・直弧文《ちょっこもん》の浮き彫りの彫刻がほどこされており、九州における装飾古墳のなかではもっとも古い様相を示しているといわれている。また、石棺の前には、短甲《たんこう》・冑《かぶと》を身にまとい赤く彩色された一体の武装石人が立ちはだかっており、石棺を守護している。

八女古墳群のなかで重要視される古墳としては、この石人山古墳がもっとも古い。したがって石人山古墳は、この一帯の支配者、すなわち筑紫国造家が台頭してきた時期の古墳と考えられている。

また、磐井の子の葛子の墓とされる乗場古墳は、全長七〇メートルで二段築成の前方後円墳であり、西向きに造られている。江戸時代までは周囲に湟《ほり》があったといわれている。後円部に全長一一メートルにもおよぶ横穴式石室があり、その内部には青・赤・白の三色からなる同心円文や連続三角文がかかれている。

乗場古墳は岩戸山古墳の次の時代に編年されることから、磐井の子である葛子のものかといわれているわけであるが、もしそうであるならば、石人山古墳や岩戸山古墳と比べて規模的に小さな乗場古墳は、磐井の乱の後の筑紫国造家の没落を象徴しているようにも思える。

事実、乗場古墳の東方には、岩戸山古墳のあとの時代とされる古墳が数多くみられるが、その規模はいずれも岩戸山古墳には及ばない。

さて、磐井の墓とされる岩戸山古墳であるが、全長一三二メートルの前方後円墳であり、湟と外堤をもっている。この外堤まで含めると全長は一七六メートルにも及び、北部九州最大の古墳ということになる。前方部は西に向いており、特に東北部に一辺約五〇メートルの台地状の平坦地をもっていることが注目される。というのは、『筑後国風土記』に記されている「別区」（役所）がこれに相当すると考えられるからである。

その他にも、大きさなどの点において、『筑後国風土記』の記載と一致するところがあることが指摘されている。こうしたことから、現在では岩戸山古墳が磐井の墓であるということが定説化しており、被葬者がわかるまれな例として注目されている。

さらに、岩戸山古墳からは武装石人や裸体石人をはじめとして、靫《ゆき》・刀・楯・馬などの形をした多くの石製品が発見されている。

特に武装石人のなかには、扁平石人とよばれる奴凧《やっこだこ》形の石の片面に人物を刻み、もう片面には靫を彫って、靫を背負った武人をあらわしたものがみられることが独特である。「別区」と考えられる東北部の平坦地からは特に多くの石製品がみつかっており、この点も『筑後国風土記』の記載と合致している。

岩戸山古墳を象徴する石製品は、一般に石人・石馬と総称されているが、こうした石人・石馬は筑後と肥後とに集中してみられるものであり、その点では筑紫国造家の文化ということもできるであろう。

■磐井が夢見た野望

岩戸山古墳をはじめとする八女古墳群の存在が何よりも明確にものがたるように、筑紫国造家の勢いは並々ならぬものがあった。その絶頂期が磐井の時代であったと思われるが、それでは磐井が反乱を起こした理由は一体、何であったのであろうか。

この点については、まず、雄略《ゆうりゃく》朝から継体朝にかけて国造の反乱が集中していることが指摘されている。そして、この時期は朝鮮半島において、倭（日本）は手づまりの状態となっており、何とかこれを打開しようと必死になっていた。こうしたことは、国造層に大きな負担をかけることになり、とりわけ九州を拠点とする筑紫国造などには重くのしかかってきたことであろう。

それに加えて、磐井の時代に筑紫国造家は勢力的に強大化したと考えられ、そうしたことを背景にしてヤマト政権が百済と結ぶのであれば、新羅と結んで対抗しようという意識が起きても、あながち不思議ではないであろう。

実際、磐井の乱から約一五〇年後に新羅が朝鮮半島を統一していることを考え合わせるならば、磐井の乱の原因として、ヤマト政権側からかけられる過重な負担に対する不満とともに、磐井が新羅にかけてみようとふと夢みた野望をあげることもできるのではなかろうか。

2章　飛鳥・白鳳時代

5　聖徳太子――いまだに揺れ続ける実像と『三経義疏』

■聖徳太子とは何者か

聖徳太子というと、古代史上の人物のなかでもひときわ光を放つ存在であり、現代のわたしたちにとってもなじみ深い人物であろう。推古朝の政治を蘇我馬子と共にリードすると同時に、自らは仏教をあつく信仰したいわば理想的な人間像として、聖徳太子はわたしたちの前に姿をみせている。

たとえば、聖徳太子の政治的業績というと、推古天皇十一年（六〇三）に定められた冠位十二階、翌年に制定された憲法十七条や、推古天皇十五年に小野妹子を隋に派遣し対等外交を主張した遣隋使などがすぐに思い浮かぶ。また、仏教に関する業績としては、法隆寺・四天王寺・中宮寺などの寺院の建立や『三経義疏』の著作などがまずあげられよう。これらは、いずれも聖徳太子の代表的な業績として人びとに知られているものばかりである。

しかし、一方では、聖徳太子というと普通の人間とは何か異なった、超人的な印象があるのも事実であろう。たとえば、太子が誕生するきっかけは、母の穴穂部間《あなほべのはし》人后《ひとのきさき》が、夢に金色の僧を見たことによるとされる。この僧は救世菩薩の化身であり、后の口からとびこみ、これによって后は妊娠したと伝えられている。そして、正月一日に后が厩のそばで産気づいて太子が生まれたのである。こうした不思議な伝説は、太子のその後の生涯にも続いてみられる。

太子は、誕生するとすぐに言葉を発し、二歳のとき、釈迦の命日の二月十五日に、東方に向かって「南無仏」と称えて再拝した。また、五歳にして一日に数千字を習得し、六歳から経を読み始めたといわれる。そして、自分は中国の衡《こう》山の慧思《えし》禅師の生まれ変わりであると語ったという。七歳のときには、経論数百巻を読了し、十一歳のときに三十六人が一斉にものをいったのをまちがわずに聞きとったとされる。

そして、十四歳のときに蘇我氏と物部氏との間に戦争がおこる。太子は、蘇我馬子の陣に加わり、戦いの最中に白膠木《ぬりで》（ウルシ科の木）で四天王像を作って、頭髪の上におき、戦いに勝利したあかつきには寺院を造ろうと誓った。そのおかげで敵の物部守屋は敗死した。

推古天皇が即位すると皇太子となり、政治をおこなうと共に、推古三年（五九五）には淡路島に漂着した木を天竺の栴檀《せんだん》香木であるといって、観音像を造らせた。また、八人もしくは十人の訴えを同時に聞いて答えたといわれる。また、推古五年（五九七）には、百済の王子である阿佐が来朝し、太子を菩薩として礼拝した。推古六年（五九八）、甲斐国から献上された「甲斐の黒駒」という馬に乗って空を飛び、富士山から信濃・三越をまわって帰ってきた。さらに、推古十二年（六〇四）、太子は秦川腰に向かって川勝の居住している太秦《うずまさ》に二五〇年後に寺院が建立され、三〇〇年後に都が造られると予言した。推古十四年（六〇六）には、太子が勝鬘経を講じたところ、天井から巨大な蓮の花がふってきて地面を埋めたという。

そして、推古二十一年（六一三）には、有名な片岡山の説話がみられる。太子は片岡山で一人の飢人に会い、自分の衣服や食物を与えた。飢人の死後、墓を造り厚く葬った。のちに墓所を開けたところ、遺体がなくなっており、異香が漂っていた。実は、飢人は聖人であり、同じ聖人の太子にはそのことがわかったのだという。推古二十八年（六二〇）、天に赤気があり、太子はこれを凶兆と判断して、自分の死後、上宮王家が滅びるであろうことを予言した。その翌年の、推古二十九年（六二一）、太子は沐浴して自分の死を予言して妃と共に死ぬことをのぞんだ。太子と妃の遺体は生きているときのように芳香が漂った。太子の仏教の師であった高句麗僧の慧慈は本国に帰っていたが、太子の死を聞いて深く悲しみ、来年の太子の命日に死ぬことを予言し、そのとおりに亡くなった。太子の愛馬であった「甲斐の黒駒」は、葬列について墓まで行ったが、墓がふさがれると大きくいななないて跳躍して死んだという。

以上は、主に『聖徳太子伝暦』をよりどころにしてみた聖徳太子のエピソードである。もちろん、これらをそのまま歴史的事実としてみることはできないが、こうした類いの説話は、他に、『日本霊異記』、『今昔物語集』、『三宝絵詞』、『沙石集』、『古今著聞集』などにもみることができる。

これらのことは、早くから太子が信仰の対象となり、その人となりがたぶんに神秘化されてきたことをものがたっている。実際に聖徳太子の政治的・仏教的業績をひとつひとつみていくと、異説や偽作説がさまざまな形で出されているのに驚かされてしまう。どれも聖徳太子の代表的な業績であるのにもかかわらず、こうした異説・偽作説が出ていないのは、冠位十二階の制定と遣隋使の派遣くらいである。つまり、ここでとりあげようとしている憲法十七条と『三経義疏』とについても偽作説が出されている。以下、このふたつの真偽について考えてみることにしたい。

■憲法十七条の制定とその内容

『日本書紀』の推古天皇十二年（六〇四）四月条に、「皇太子、親《みずか》ら肇《はじ》めて憲法十七条を作りたまふ」と記されている。これがいうまでもなく憲法十七条の制定記事であり、ここから皇太子、すなわち聖徳太子がこれを作ったとされてきた。しかし、この制定年からして、『上宮聖徳法王帝説』では、乙丑年のこととして、「七月に十七余の法を立つ」となっている。乙丑年は推古天皇十三年にあたるから、『上宮聖徳法王帝説』によれば、『日本書紀』に記す制定年の翌年七月に憲法十七条はできたことになる。また、光定（七七九―八五八）の著した『一心戒文』では、推古天皇十年十二月の制定となっている。

現在、憲法十七条の制定年については推古天皇十二年が定説となっているが、このようにいくつかの異説がみられることもまた事実である。

さて、その内容についてであるが、偽作説の根拠にも関連してくることなので、少々長文であるが、坂本太郎氏の『聖徳太子〈新装版〉』（吉川弘文館、一九八五年）によって、『日本書紀』にみられる全ての条についてポイントをみてみよう。

一に曰《いわ》く、和を以《もっ》て貴しとし、忤《さか》らふことなきを宗《むね》とせよ。人みな党《たむら》あり。亦《また》達《さと》れる者少し。ここをもって、或は君父に順《したが》はず、また隣里に違ふ。然れども上《かみ》和《やわ》らぎ、下睦《むつ》びて、事を論《あげつ》らふに諧《かな》ふときは、事理《ことお》自《の》ずからに通ず。何事か成らざらん。

二に曰く、篤く三宝《さんぽう》を敬へ。三宝とは仏法僧なり。則ち四生のよりどころ、万国のおほむねなり何れの世、何れの人か、この法を貴ばざらん。人はなはだ悪しきもの鮮《すくな》し。能《よ》く教ふるをもって従ふ。それ三宝よりまつらずば、何をもってか枉《まが》れるを直《ただ》さん。

三に曰く、詔《みことのり》を承りては必ず謹《つつし》め。君は天なり。臣は地なり。（以下略）

四に曰く、群卿《まえつきみたち》百寮《つかさつかさ》、礼をもって本《もと》とせよ。それ民を治むる本は、要《かなら》ず

礼にあり。（以下略）

五に曰く、味《あじわ》ひのむさぼりを絶ち、財《たから》のほしみを棄《す》て、明らかに訴訟を弁《さだ》めよ。（以下略）

六に曰く、悪を懲《こ》らし善を勧むるは、古の良典なり。（以下略）

七に曰く、人おのおの任あり。掌《つかさど》ることよろしく濫《みだ》れざるべし。（以下略）

八に曰く、群卿百寮、早く朝《まい》り、晏《おそ》く退《まか》でよ。公事いとまなし。終日にも尽し難し。ここをもって遅く朝《まい》るときは急《すみやか》なるに逮《およ》ばず。早く退るときは必ず事尽くさず。

九に曰く、信はこれ義の本なり。事ごとに信あるべし。それ善悪成敗要《かなら》ず信にあり。群臣共に信あるときは、何事か成らざらん。群臣なきときは、万事悉く敗れん。

十に曰く、心の怒りを絶ち、面《おもて》の怒りを棄て、人の違ふを怒らざれ。（以下略）

十一に曰く、功過を明らかに察《み》て、賞罰必ず当てよ。（以下略）

十二に曰く、国司・国造、百姓に斂《おさ》めとることなかれ。国に二君靡《な》し。民に両主無し。（以下略）

十三に曰く、諸々《もろもろ》の官に任ずる者、同じく職掌を知れ。（以下略）
十四に曰く、群臣百寮、嫉妬あることなかれ。（以下略）
十五に曰く、私に背きて公に向ふは、これ臣の道なり。（以下略）
十六に曰く、民を使ふに時をもってするは、古の良典なり。（以下略）
十七に曰く、夫れ事は独り断《さだ》むべからず。必ず衆《もろもろ》とともに論《あげつら》ふべし。（以下略）

憲法十七条の原文はいうまでもなく漢文であるが、全体的に語彙は平易なものが使われていると指摘されている。これは内容をきちんと伝達するという点を考慮したものであり、『三経義疏』の文章と共通点があるともいわれている。

内容的には、まず、第一条・第三条・第九条・第十三条などに儒教の影響があげられる。また、第十一条・第十五条には法家の思想もみられる。

他に道家の思想の影響などもうかがわれるが、やはり、何といっても仏教思想の影響の大きさはみのがすことができない。第二条の「篤く三宝を敬へ」はあまりにも有名であるし、第十条にも仏教思想の影響をよみとることができる。また、第一条はみたように儒教的な要素が指摘できるが、これもむしろ仏教思想を前提にしたものととらえるべきであるとする説もみられる。

さらに、条文の数である十七は陰陽思想によるもので、一般には少陽の数七と老陰の数十をとったものであるとか、天を九、地を八に擬し天地陰陽の数を合わせた数という意味であるとかともいわれているが、その一方でここにも仏教思想がみられるともいわれている。すなわち、「維摩経」の仏国品にみえる仏国建立の因とされる菩薩の心性としてあげられている直心以下の十七事によるとする説がそれである。

こうした仏教思想を憲法十七条の根底におく考えは、いうまでもなく、これを聖徳太子が制定したものとする今日の定説となっている立場に基づいているが、これに対して一方では、すでに江戸時代より、聖徳太子制定説を疑問視する見方も出されている。

■太子による制定を疑う説

江戸時代に早くも、憲法十七条が聖徳太子の制定によるものではないと指摘したのは狩谷棭斉である。棭斉は、憲法十七条が聖徳太子の真作ではなく、『日本書紀』の編纂者の手になるものと主張したのであるが、こうした聖徳太子による制定を否定する考えは、その後も受けつがれていくことになる。

たとえば、津田左右吉博士は、内容的に大化以後の事情に合致することから飛鳥時代の聖徳太子の制定ではないとした。そして、大化以後の朝廷において『晋書』の武帝紀にみられる詔勅などを基に、聖徳太子の名を借りて作成したものといわれた。

憲法十七条の文章をみていくと、たしかに推古朝のものとするにはふさわしくない字句がある。たとえば、第四条・第八条の「群卿百寮」、第九条の「群臣」、第十四条の「群臣百寮」などは、推古朝というよりもむしろ、大化改新以後の中央集権的官僚制度への志向を連想させる。

また、従来からとりざたされているのは、第十二条の「国司・国造」という表現である。ここにみられる「国司」とは「くにのみこともち」のことであり、天皇の御言をもって地方に派遣される人のこととされる。

こうした職掌が推古朝にあっても、それ自体はさしさわりがないのであるが、問題なのは「国司」という表記である。なぜならば、この「国司」という表記は大宝令で初めて使われるようになったものであり、推古朝にはみられない表記であるからである。

これらのことは、なるほど聖徳太子が制定したとする立場にとって大変不都合なことである。しかしながら、これらのことは、聖徳太子が制定したものではないとする決定的証拠ともならない。憲法十七条の条文は養老四年（七二〇）に完成した『日本書紀』に載せられているものであり、したがって、『日本書紀』の編纂段階で編纂者たちによって字句の修正がなされたと考えるならば、あえて聖徳太子による制定を否定しなくてもよいことになる。

また、内容的に大化以後の中央集権的な官僚制への志向がみられるということについても、聖徳太子にそうした発想がすでにあったということもできるであろう。したがって、憲法十七条は聖徳太子の制定であるとする定説は多くの問題点が指摘されているが、今も完全に否定されるまではいたっていないというのが現状であろう。

■『三経義疏』偽撰説の根拠

法隆寺などの寺院建立と共に、勝鬘経・法華経・維摩経の注釈書である『三経義疏』の作成は、聖徳太子の仏教的業績の代表的なものとされるものである。

『日本書紀』によると、推古天皇十四年に天皇が皇太子、すなわち、聖徳太子に命じて「勝鬘経」を説かせ、三日でこれを終えたと記されている。また、この年には、岡本宮において聖徳太子が「法華経」を講じたので天皇が大いに喜び、播磨国の水田百町を聖徳太子に布施として賜わり、太子はこれを法隆寺に納めたとも記されている。

しかし、『三経義疏』作成のことについては『日本書紀』は一切ふれていない。そのかわり、『聖徳太子伝補闕記』には、己巳年（推古天皇十七年）、すなわち、六〇九年に『勝鬘経疏』の作成を開始し、翌々年の辛未年（同十九年）に完成、ついで壬申年（同二十年）に『維摩経疏』にかかり、翌年の癸酉年（同二十一年）に完了、ひき続きその翌年の甲戌年（同二十二年）に『法華経疏』の作成にかかり、乙亥年（同二十三年）に終了したとあって、『三経義疏』の作成のことが記されている。さらに、天平十九年（七四七）に成立した「法隆寺伽藍縁起并流記資財帳」には、

法華経疏参部各四巻

維摩経疏壱部三巻
勝鬘経疏壱巻
右ハ上宮聖徳法王ノ御製者

と明記されている。

これらの『三経義疏』のうち、『勝鬘経義疏』は求那跋陀羅《ぐなばつだら》によって漢訳された「勝鬘師子吼一乗大方便方広経」一巻についての注釈である。宝亀三年（七七二）、誡明《かいみょう》・得清《とくせい》らが入唐したさいに揚州にもたらされ、これに唐僧の明空が注を加えたものが承和十四年（八四七）、円仁によってふたたび日本にもたらされた。

『維摩経義疏』は、在家の維摩居士が大乗仏教の真理をのべた「維摩経」を注釈したもので、具体的には鳩摩羅什《くまらじゅう》が訳した「維摩詰所説経」の義釈である。『法華経義疏』は、鳩摩羅什が訳した「妙法蓮華経」二十七品を注釈したもので、中国の梁代に成立した『法華義記』八巻を「本義」などと称して援用している。

『三経義疏』は、内容的にみると、『法華経義疏』のように、『法華義記』の作者である法雲《ほううん》の説の要約といった面が強くみられるものもあるが、その一方では、『勝鬘経義疏』のように、「本義」を批判している部分をみることができるものもある。

このように、『三経義疏』はともに経典の注釈書であり、それも各々の字句の意味から説きあかそうとする非常に詳細なものである。こうしたことからも『三経義疏』の作成にあたっては、中国の学匠の著作がたぶんに参考にされているといわれている。『勝鬘経義疏』にみられる「本義」、『維摩経義疏』のなかの僧肇の「註維摩」、『法華経義疏』における法雲の『法華義記』などがそれである。これらのうち『勝鬘経義疏』にみられる「本義」については具体的にどのようなものか不明であったが、現在では中国の敦煌《とんこう》から発見された「勝鬘経義疏本義」がそれにあたるかといわれるようになった。

『三経義疏』は聖徳太子の真撰説が一般的にはいまだに大勢を占めていると考えられるが、一方では、津田左右吉・福井康順両博士をはじめとして研究者のなかには聖徳太子による真撰を疑う説もまた根強くみられ、むしろ、こちらの方が有力なようにみうけられる。

その根拠も実に多様であり、いちいちとりあげることはできないほどであるが、たとえば、そのひとつに『三経義疏』は法隆寺に撰者不明として伝わっていたものを天平十九年（七四七）に寺の資財帳（「法隆寺伽藍縁起并流記資財帳」）を提出するさいに聖徳太子の撰とした、という偽撰説がある。これは、「法隆寺伽藍縁起并流記資財帳」のなかに「右ハ上宮聖徳法王ノ御製者」とあることによって、『三経義疏』を聖徳太子の作成とする真撰説への反論として出されたものである。

偽撰説は、さらに天平末期の写経文書には『勝鬘経義疏』や『法華経義疏』と同じ書名で撰者名が記されていないものがあることを指摘し、これをもって、『三経義疏』は聖徳太子の撰ではないことのひとつの論拠としている。

すなわち、こうした撰者名のない『勝鬘経義疏』や『法華経義疏』が存在しているということは、当時においてはまだ、これらの義疏が聖徳太子の撰によるという説が一般に広まっていなかった証拠であるとしている。

しかしながら、こうした撰者名の欠如については、一方では記す必要のない場合の処置であって、撰者名が不明ということではないという批判もあり、現段階では偽撰説の拠りどころとは必ずしもなっていないともいえる。したがって、この点については偽撰説のひとつの論拠であるが、さらに検討も必要であろう。

また、『法華経義疏』については、聖徳太子の自筆本とされるものが現存している。これは法隆寺に伝えられていたものであるが、明治時代の初期に皇室に献納され帝室御物となった。

この『法華経義疏』四巻のうち、巻一の内題の下に、「此はこれ大委国上宮王の私集にして、海波の本に非ず」と記されている。しかしながら、この部分は、本文とは多少、筆蹟を異にしていることから、本文よりは後の時代のものであり、具体的には奈良時代の書き入れとされている。

本文についても聖徳太子の自筆であるということを完全に否定するまでにはいたっていないように思われるが、これにも異説がないわけではなく、やはり問題が残されているといえよう。

これらのことから『三経義疏』については、たしかに、一般の間には聖徳太子による真撰として有名であり、広く伝わっているが、学術的にはむしろ、聖徳太子偽撰説が強くみられ、さらに今後の検討にまつところが少なくない、といえるのである。

6 蘇我入鹿――「臣、罪を知らず」…蘇我氏の無念の裏側

■蘇我氏の評価

大化前代の最大豪族として知られる蘇我氏であるが、そのイメージは一般的にはあまり良いとはいえない。しかし、近年は、そうしたイメージに変化がみられるようにもなってきている。すなわち、蘇我氏についてのべる場合、『日本書紀』がほとんどといってよいくらい史料として使われる。『日本書紀』は、養老四年（七二〇）に最初の正史として編纂されたものであるが、その最終段階において、藤原不比等が関与したということが最近いわれるようになっている。

もし、そうだとすると、不比等が自らの父である中臣（藤原）鎌足と天皇家の地位を高めるために、蘇我氏をことさら悪役にしたのではあるまいかという憶測もで

きるのではないだろうか。

さらに、一歩進めて、蘇我氏の実像は開明的な氏族で、天皇家をむしろ守ろうとしていたのではないかという説まででてくるようになった。

これらのことをふまえて、乙巳の変で滅んだ蘇我入鹿にいたるまでの蘇我氏について再検討することにしたい。

■ミステリアスな出自

強大な勢力をもった一族であるのにもかかわらず、蘇我氏の系譜は古いところはあまりわかっていない。孝元天皇の曾孫にあたる石河宿禰を祖としているといわれる。とするならば、皇別の氏ということになるが、この点は疑わしいともいわれている。

石河宿禰のあと、満智、韓子、高麗と続くが、満智については、『日本書紀』の応神天皇二十五年条にみえる、百済の将軍の木羅斤の子の木満致《もくまち》が渡来してヤマト政権に仕え満智となったという説がある。さらに、そのあと韓子、高麗といったように、朝鮮半島と関係のある名がでてくることから、蘇我氏は渡来系の氏族とする説もみられる。現在、この説は、満智と満致が同音であるという根拠であることなどから否定されているが、魅力的な説といえる。

蘇我氏の出自をめぐる問題は、当然のことながら蘇我氏の本貫、つまり、本拠地にも関わってくる。

■蘇我の本拠地はどこか

蘇我氏がそもそもどこを本拠地とした豪族であったかについては、江戸時代から研究がなされており、現在の奈良県橿原市にあたる大和国高市郡の曽我があてられてきた。しかし、最近では、この曽我説にくわえて諸説が提示されている。その代表的なものをあげるならば、

①大和国高市郡曽我説
②河内国石川説
③大和国葛城説
④百済からの渡来説

の四つということになる。

まず、①はみたように、古くからいわれているもので、六世紀中ごろから蘇我の本宗家の邸宅がこの地にあり、宗我都比古神社などもある。しかし、この説に対しては、六世紀中ごろからの本拠地がここであったからといって、発祥地もここであるとはかぎらないという反論もある。

次いで、②の説は、六国史の最後をかざる『日本三代実録』の元慶元年（八七七）十二月二十七日条にみられる石川朝臣木村らの改姓請願が根拠になっている。

蘇我氏関係略系図

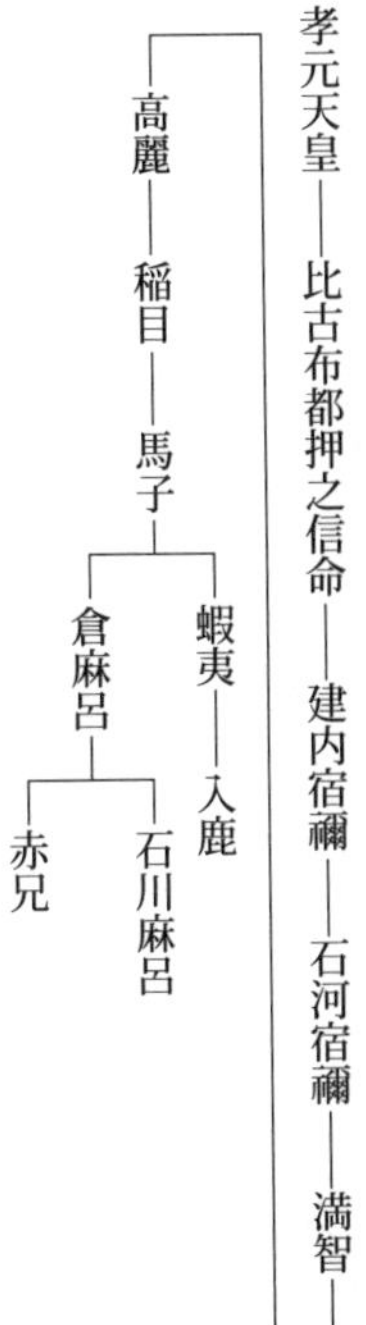

木村らは、宗岳《そが》朝臣への改姓を願い出ているのであるが、その理由はというと、蘇我氏の祖である宗我石川は、河内の石川で生まれたが、のちに大和の宗我の大家を賜って宗我宿禰と称するようになり、これがその後、宗我朝臣になったというのである。この説に対しては、蘇我氏のうち、主として朝廷の倉の管理にあたり、のちになって石川朝臣と改姓した系統により創作の可能性がいわれている。

③の説の根拠には、『日本書紀』推古天皇三十二年十月条にみえる蘇我馬子の奏言があげられる。すなわち、葛城県はもともと蘇我氏の本拠であるとして、葛城県の領有を推古天皇に願っている。しかし、結果的には天皇はこれをしりぞけている。馬子のこの奏言は県を所有するための口実とも受け取ることができるが、しかし、馬子が自分たちの本拠地であるといっている点は興味深い。『日本書紀』の皇極天皇元年是歳条に、

蘇我大臣蝦夷、己が祖廟を葛城の高宮に立てて、八佾《やつら》の舞をす

とあることと考え合わせると、少なくとも七世紀前半における蘇我氏は、葛城を自分たちの発祥の地ととらえていたと思われる。

最後の④は、すでにあげた『日本書紀』の応神天皇二十五年条にみられる百済の

木満致と満智が同音であることや蘇我氏が東漢氏などの渡来系氏族とつながりをもっていることなどが根拠となっている。この説もそれほど強い論拠に支えられているとはいい難いのであるが、ここから一つの仮説が立てられている。

それは、百済の木満致が来朝して、大和の蘇我に定着し、入り婿によって葛城氏と結びつき、五世紀末から六世紀初めにかけて葛城地方へ勢力を拡張したというのである。その後、稲目のあとをついだ馬子のとき、一族はさらに勢力をのばし、高市地方の各地に盤踞するようになり、小治田・桜井・高向・田口・境部・田中・岸田・久米・箭口・川辺などの臣姓諸氏を生み出したとしている。

このように、出自をめぐってもいまだ結論がでていないというのが現状である。

■稲目の時代

蘇我氏の動きが明らかになってくるのは、稲目のころからである。稲目は宣化天皇の元年（五三六）に大臣となり、次の欽明朝でも大臣となっている。

稲目といえば、百済から仏教が公伝したさい、いち早く崇仏の立場をとり、排仏を主張した物部尾輿・中臣鎌足らと対立した。結局、仏像は稲目に与えられたのであるが、おりしも疫病が流行し、これは仏像を礼拝したためであるとして、尾輿らは仏像を難波の堀江にすててしまった。

『日本書紀』では、蘇我稲目と物部尾輿との対立を崇仏と排仏の立場からとりあげている。たしかに、そうした面もあったと思われるが、蘇我氏と物部氏という二大豪族の対立を仏教の受容・排斥の面からのみとりあげるのは問題があるように思われる。

稲目は、吉備に白猪屯倉や備前にも屯倉を設置しており、その管理者として渡来人を登用している。欽明天皇二十三年（五六二）には、高句麗を破って帰国した大伴狭手彦から、甲や金飾刀などと共に美女媛と従女吾田子を献上されている。

■馬子と仏教

稲目のあとをついだのが馬子であり、敏達天皇元年（五七二）に大臣となった。馬子も仏教に対しては、受容の立場をとり、物部尾輿の後継者である守屋と対立した。

馬子は、百済からの石仏を礼拝し、自宅の東に仏殿を建立し安置した。また、大野丘の北に塔をたて仏舎利を納めた。時に疫病がはやり、物部守屋や中臣勝海はこれを馬子の仏教信仰のせいだとして仏像・仏殿を焼き払った。敏達が崩じたさい、殯宮で馬子と守屋は互いに相手のしぐさをあざ笑い、両者の対立は決定的となった。

敏達のあと即位した用明天皇二年（五八七）、馬子は聖徳太子ら諸子・群臣と共に守屋追討の軍を起こし、衣摺において守屋を倒した。用明のあと崇峻を擁立したが、自分に敵意をもっていると知った馬子は、東漢直駒を使って天皇を暗殺した。朝廷の最高実力者となった馬子は、推古天皇を立て、聖徳太子を含めて三頭政治の形で政治をリードしたとされるが、やはり、実権を握っていたのは馬子であっただろう。しかし、推古天皇三十二年（六二四）、馬子は葛城県を自分たちの本拠であるとして賜ることを望んだが天皇はこれを許さなかった。その二年後、馬子は亡くなり、桃原墓に葬られた。現在の石舞台古墳がそれであるとされる。

■意外と慎重な権力者

馬子の後継者である蝦夷がまず直面したのが、推古のあと、誰を天皇に立てるかであった。推古は、田村皇子と山背大兄王の二名に遺詔を残して崩じたからである。蝦夷は、田村皇子を立てようとして、これを群臣たちの会議での意見としてまとめようとした。ところが、叔父の境部摩理勢は山背大兄王を推し、意見がまとまらなかった。蝦夷と対立した摩理勢は山背大兄王に保護を求め、泊瀬王邸にかくれたが、結局、摩理勢は殺害され、田村皇子が即位して舒明天皇となった。

舒明のあとをついだ皇極天皇のもとでも大臣として権力をふるった蝦夷は、祖廟を葛城高宮に建てて、天皇しかとりおこなえない八佾《やつら》の舞をおこなったり、今来に双墓を造り、蝦夷の墓を大陵、入鹿の墓を小陵と称して天皇陵のようなふるまいをした。また、皇極天皇二年（六四三）、病のため朝参できないとして紫冠を子の入鹿に勝手に譲ったりもした。しかし、同年に入鹿が山背大兄王を襲い殺害したさいには、息子の暴挙を怒りののしったとされる。

蝦夷は、甘檮岡に邸宅をかまえ、蝦夷の屋敷を上の宮門《みかど》、入鹿の屋敷を谷の宮門と称し、兵で守った。しかし、入鹿が飛鳥板蓋宮で斬殺されると、自邸で自害して果てた。

■絶頂からの転落

蝦夷の子として生まれ、蘇我氏を絶頂期に導いたのが入鹿である。若い時から秀才の誉れが高く、僧の旻に教えを受けた。同門には中臣鎌足らがいた。『家伝』によると、旻から入鹿に及ぶ者はいない、と評された。

『日本書紀』の皇極天皇元年（六四二）条には、蝦夷を大臣にすることが記されているが、それに加えて、蝦夷の子の入鹿について自ら国政の権を握り、その勢威は蝦夷以上であったとのべられている。翌年十月にはすでに記したように病という理由で蝦夷は紫冠をかってに入鹿に譲っている。

さらに、入鹿は皇極天皇二年十一月に古人大兄皇子の即位を計画し、そのために邪魔となる山背大兄王を斑鳩宮に襲撃した。山背大兄王は、身代わりとして馬の骨を寝室に投げ込みからくも肝駒山に逃れた。山背大兄王に従った三輪文屋は態勢をたてなおし、決戦に臨むことを主張したが、戦うことを望まない山背大兄王は、斑鳩寺に入り一族もろともに自害して亡くなった。おりから、五色の旗や蓋が空にひるがえり、妙なる舞楽がなりひびいた。これを仰ぎみた多くの人々が入鹿にさし示したところ、たちまち黒雲に変わり、入鹿はみることができなかった。

蘇我蝦夷は、息子の入鹿の行為をきいて、「このような暴挙を働くと、お前の命もどうなるかわからないぞ」と怒ったという。この事件を契機として、蘇我氏への反発は強まっていった。　民衆たちの中にも暗に蘇我氏を批判する童謡（わざうた）が広まっていた。

このような状況下で、中臣鎌子（鎌足）は蘇我氏の横暴をにくみ、打倒を企て同志として中大兄皇子に心を寄せた。たまたま法興寺の槻の下での蹴まりで二人は知り合い、以後、蘇我氏打倒を謀ることになる。

こうした動きは、蘇我氏側もうすうす知っていたと思われる。皇極天皇三年（六四四）十一月、蝦夷と入鹿は、甘檮岡に邸宅をかまえ、蝦夷の家を上の宮門、入鹿の家を谷の宮門と称した。また、子供たちを王子とよんだ。邸宅には城柵を設け、兵庫を造り、力の強い兵に武器をもたせ防備させた。

中大兄皇子らは、皇極天皇四年（六四五）六月、三韓の調がたてまつられるという計画を立て、入鹿をおびき出した。十二日、天皇臨席のもとセレモニーが始まった。入鹿は剣をいつも身につけていたので、こっけいなしぐさで朝廷に仕える俳優《わざひと》がたくみに入鹿から剣をはずさせた。蘇我倉山田石川麻呂が計画通り三韓からの上表文を読みあげた。倉山田石川麻呂は上表文が終わりに近づき、声や手がふるえ出した。入鹿が倉山田石川麻呂にどうしたのだとたずねた。みかねた中大兄皇子が、とび出して入鹿の頭や肩に切りつけた。入鹿は驚き立ち上がったが、佐伯子麻呂が剣で入鹿の片方の足を切りつけた。入鹿はころがりながら天皇の御座にすがりついて、「私が一体、何の罪を犯したのでしょうか」といった。天皇も驚いて、中大兄皇子に何事が起きたかをたずねたところ、中大兄皇子は、「入鹿が皇族を滅ぼそうとしています」と申しあげた。これをきいた皇極天皇は席を立ち、その場をはなれた。

その後、佐伯子麻呂と稚犬養網田とが入鹿を斬殺した。この日は、雨が降り、朝廷は水びたしになり、人々は入鹿の死体を蓆障子《むしろしとみ》でおおった。

中大兄皇子は、法興寺に入り、軍備を固めた。入鹿の亡きがらは蝦夷のもとへととどけられた。蘇我氏側の漢直らは甲をつけ蝦夷を助けて陣を張ろうとしていた。そこへ、中大兄皇子によって遣わされた巨勢徳陀が戦うことの無益を説いた。高向国押もこれに同調したので、漢直たちはそれぞれ逃亡していってしまった。

翌十三日、蝦夷ら蘇我本宗家は自害して果て、絶頂を極めた蘇我氏としてはあっけない最期であった。

7 天武天皇――「皇親政治」の謎を読み解く

■天武天皇の政策

壬申《じんしん》の乱で勝利をおさめた大海人皇子は、さっそくその年（六七二）の九月に新しい宮、すなわち飛鳥浄御原宮《あすかきよみはら》を造り、翌年の二月にここで即位して天武天皇となった。

実力で即位した天武天皇は、太政大臣や左大臣・右大臣といった要職に豪族を任命することなく、皇后である鸕野皇女《うののひめみこ》や皇子たち近親者で朝廷のブレインを固めた。こうした政治形態を皇親政治と呼んでおり、天皇の権力の強大さが特徴としてあげられる。

天皇の権力が強大であった証拠の一つとして、『万葉集』におさめられているいくつかの「大君は神にしませせば」ではじまる歌があげられる。

大君《おおきみ》は神にし坐《ま》せば赤駒の匍匐《はらば》ふ
田井《たゐ》を都《みやこ》となしつ

これは、大伴御行の作った歌で、壬申の乱ののちのものといわれている。この歌は、飛鳥浄御原宮の造営をたたえたものであり、大君、すなわち天武天皇を神と讃美している。

天武天皇は強大な権力を背景としてさまざまな政策を推進したが、その一つに八《や》色《くさ》の姓《かばね》の制定があげられる。これは天武十三年（六八四）に氏族の秩序の再編を目的として定められたもので、真人《まひと》・朝臣《あそみ》・宿禰《すくね》・忌寸《いみき》・道師《みちのし》・臣《おみ》・連《むらじ》・稲置《いなき》の八種類の姓からなっている。

新しい姓を定め、それを氏族に与えるということは、天皇への服属関係を再確認させるとともに、まさしく天皇と氏族の秩序の再編成を行なおうとしたことにほかならない。氏姓制度において、最高の姓であった臣・連を六番目、七番目の姓として用いたのは、こうした秩序の再編成をめざしたからである。また、一番目の姓とされた真人を与えられたのは、継体《けいたい》天皇以降の歴代天皇から出た皇族氏族が大部分である。このことからも皇親勢力をより強化しようとしていることがうかがわれる。

天武天皇の政策の一つとして忘れられないものが国史の編纂である。一般に、動乱のあとには歴史書が多く作られている。たとえば、南北朝の動乱期及びそのあとの室町期には『梅松論《ばいしょうろん》』『太平記』や『神皇正統記』といった書物が成立している。それぞれの立場の正当性を主張するためであろう。

天武朝の国史編纂も基本的にはこうしたことと同じ意味をもっているといえよう。壬申の乱という大動乱をへて皇位についた天武天皇にとって、自らの立場が正しいことを述べ、加えて天皇の絶対化を思想的に強調するということは不可欠のことであった。

天武紀十年（六八一）三月条には、川島皇子をはじめとする六人の皇族と中臣連大島ら六人の官人に命じて国史の編纂をはじめたことがみられる。結局、この計画は完成せずに終わったが、養老四年（七二〇）にできあがった『日本書紀』の基盤になったとされる。

また、こうした計画とは別に、天武天皇は一方では自らが帝紀《ていき》、旧辞《きゅうじ》の再検討を積極的に行ない、検討し終わったものを舎人《とねり》である稗田阿礼《ひえだのあれ》に誦習させた。この事業も天武天皇一代では完成することができなかったが、稗田阿礼が誦習していたものを太安万侶《おおのやすまろ》が筆録して、和銅五年（七一二）に元明《げんめい》天皇に奏上したのが『古事記』である。

天武天皇の政策として見逃すことのできないものに、何といっても律令の編纂があげられる。

天武天皇十年（六八一）二月、天皇は鸕野皇女とともに大極殿において「飛鳥浄御原律令《あすかきよみはらりつりょう》」の制定計画を親王、諸王や諸臣にむけて高らかに宣言した。しかし、この計画は完成をみることはなかったようである。というのは、一般的には天武朝においては令のみが完成され、しかもその実施は、天武天皇のあとを継いだ持統《じとう》天皇のときのこととされているからである。

このように、律令の編纂、実施という点では、天武朝は十分ではなかったが、それでも部分的には実施された規定をあげることができる。新しい冠位制はそうしたものの一つである。

そもそも冠位制は、推古朝の冠位十二階にはじまり、大化三年（六四七）の十三階制、大化五年の十九階制を経て、天智三年（六六四）に二十六階制となった。天武天皇はいったんこれらを停止した上で、天武十四年（六八五）に諸王以上を明大《みようだい》壱《いち》より浄広肆《じようこうし》に到るまでの十二階とし、さらに諸臣を正大壱《しようだいいち》より進広肆《しんこうし》に到るまでの四十八階としたのである。

この天武朝の新しい位階制の特徴は、なによりも位階が多くなったことがあげられるが、諸王以上にも位を与えることが正式に制度化されたという点も重要である。このことは、豪族間の序列をより明確にすると同時に、皇親の間にもきちっと序列をつけて統制を図ろうとしていることがうかがわれる。

また、位階の名称に「明《みよう》」とか「浄《じよう》」とかといった倫理的な徳目を使用していることも天武天皇の政治姿勢を示すものといわれている。冠位十二階の徳・仁・礼・信・義・智といった儒教の徳目ではなく、こうした日本の伝統的な徳目を用いたのは、天武天皇の伝統を尊重しようという姿勢の現われとされている。

■「凡そ政の要は軍事なり」

皇親政治の推進は、当然のことながら、一方では不満をもつ人々を生み出すことになる。登用されなかった人々の不満である。それはなにも豪族だけに限ったことではない。皇族のなかでも天皇家だけが強大な権力をもつことに不満をもつ人々は少なくないであろう。実際のところ、天武紀四年（六七五）条には麻績王《おみ》を因幡《いなば》へ配流したことがみられるし、天武紀五年条には筑紫大宰であった屋垣王《やかき》を土佐に流したことが記されている。

こうした不満をもつ人々を抑えるためには武力の強化が必要となる。まして、天武天皇自身が近江朝廷の大友皇子を倒して実力によって政権を握った人物であるから、そうした事態が他人によってふたたびくり返されないように注意したであろうことは想像に難くない。天武紀十三年（六八四）条にみえる詔のなかで、「凡そ政の要は軍事なり」とあるのは天武天皇の本音であろう。と同時に、それは天武朝の基本路線ともいえる。

天武天皇四年（六七五）には、兵政官長《つわもののつかさのかみ》とそれを補佐する大輔《おおすけ》とを任命している。また、同年、諸王以下初位以上の官人を対象として武器を備えることを命じている。次いで、翌天武天皇五年（六七六）には、王卿を京、畿内に遣わして人別に武器の有無を調査させている。

さらに、天武天皇八年（六七九）には、親王・諸臣・百寮に武器と馬を貯えることを命じ、天皇自ら迹見《とみ》駅で閲兵を行なったりもしている。このときの閲兵は高級官僚を対象としたものであるが、中・下級の官僚についても、翌天武天皇九年に長《なが》柄杜《らのもり》において閲兵を行なっている。

軍制の改革は地方にも及んでいる。天武天皇十四年（六八五）に出された詔には、

大角、小角、鼓吹、幡旗、及び弩《おほゆみ》・抛《いしはじき》の類は私家に存《お》くべからず。みな郡家に収めよ。

とある。大角や小角、すなわち法螺貝《ほらがい》や角笛といった類のものや、太鼓やラッパにあたる鼓吹、幡や旗といった軍隊の指揮に用いられる道具や弩、抛などの大型兵器は私家においてはならぬ、という詔であり、これらすべてを郡家に収めよとしている。ここにあげられている大角、小角、鼓吹、幡旗や弩、抛を所有するものは旧国造クラスの豪族たちと考えられる。つまり、豪族たちの私家からこれらの道具や武器をとりあげ郡（当時の実際の行政区画は評）の役所に収納するということは、地方豪族がもっていた軍事的影響力を排除しようとしたものであり、言葉をかえるならば、地方の軍事面における中央政府の統制力の強化ということができる。

■壬申の乱の功臣たちのその後

天武天皇は、壬申の乱を経て即位し、自ら「明神《あらみかみ》」として皇親政治を推進したわけであるが、群臣との関係は実際のところどのようなものであったのであろうか。すでにみたように、豪族や皇族のなかに天武天皇の独裁政治に不満があったことは事実であるが、とにもかくにも天武天皇はそれらを乗り切ることができたのはどのような理由であろうか。

そもそも、壬申の乱は天智天皇の死後の近江朝廷に対して天武天皇（大海人皇子）が起こしたクーデターである。このとき、巨勢《こせ》、蘇我《そが》、中臣《なかとみ》といった有力豪族は当然のことながら近江朝廷に属していた。事実、壬申の乱で天武天皇側についた有力豪族は大伴《おおとも》ぐらいしかいない。天武側についた勢力は中・下級の豪族がほとんどであった。

つまり、壬申の乱の結果、大豪族のほとんどは近江朝廷とともに没落してしまっており、天武天皇は彼らをさほど恐れる必要性はなかったということになる。また、天武の側に立った勢力は身分の高くない中・下級豪族が多かったため、乱のあとの論功行賞では、姓とか封戸とかを与えることによってすますことができ、実際の政治の場に重臣として登用するまでには至らなかったのである。
こうしたことが天武天皇に権力を集中させる状況を作りだし、皇親政治の推進を可能にしたと考えられる。

■『日本書紀』の背後にある思想

養老四年（七二〇）に完成した『日本書紀』は、六国史の第一番目としての位置にあるが、その編纂作業の発端は、すでに述べたように天武朝にあるとされている。すなわち、天武十年（六八一）の三月に天武天皇が川島皇子らに詔を発して、「帝記及び上古の記事」を記し定める作業をはじめさせたというのである。

『日本書紀』は、神代からはじまって持統天皇までを叙述の対象として全三〇巻からなっている。体裁はほかの六国史と同様に編年体をとっている。しかし、たんに年代順というだけではなく、天皇ごとに巻を立てており、紀伝体的な要素も含んでいる。

さて、天武天皇の段をみてみると、いくつかの興味深いことに気がつく。まず、天武天皇には二巻があてられているということは見逃せない。これは特別の扱いといえよう。一巻に複数の天皇が入っていることはあっても、一代の天皇に二巻を割いているのは天武天皇のみである。

二巻の内容を具体的にみてみると、はじめの一巻は壬申の乱の内容に終始している。つまり、壬申の乱がいかに記述のなかで重要視されていたかがわかる。さらに、詳しくみると、壬申の乱の記述でも天武が美濃国の野上に行宮を定め、直接に指揮をとらなくなるあたりを境として密度に変化がみられる。それ以前の記述に比べて、それ以後は実にあっさりとしたものになっている。

こうした『日本書紀』の構成の背後にあるものとして考えられるのは、天武天皇を絶対化しようとする思想である。壬申の乱を力で制した天武の行動をことさら強調することによって、天武をふつうの人間とは異なった存在、すなわち神としての存在にまで押しあげ、天武及びそれ以後の天武系の天皇の正統性を保障しようとしていると考えることができよう。

■大津皇子の悲劇

天武天皇によって寵愛されたといわれる大津皇子《おおつのみこ》は、大田皇女《おおたのひめみこ》を母として天武（大海人皇子）の第三子として誕生した。大田皇女は天智天皇の皇女であり、鸕野《うのの》

（讃良《さららの》）皇女《ひめみこ》すなわち、のちの持統の姉にあたる。つまり、天武は兄である天智天皇の娘たちを妻としているのである。さらにいうと、大田皇女と鸕野皇女だけではなく、やはり天智の娘である大江皇女・新田部皇女も妻にむかえている。したがって、天武は兄の娘四人との間に婚姻を結んでいることになる。

こうしたなかで、大津皇子は草壁皇子と並んで最も有力な皇子であったと考えられる。天武の長男は高市皇子《たけちのみこ》とされるが、高市皇子の母の尼子娘は地方豪族の宗像氏の出身であるから、血統において大津・草壁の両皇子に遠く及ばない。大津皇子と草壁皇子とを比較すると草壁皇子の方が一歳上ということになる。さらに、大津皇子の母である大田皇女は大津が五歳か六歳のころに亡くなったとされる。一方、草壁皇子の母はいうまでもなく皇后である鸕野皇女である。このように、外的な条件は大津皇子より草壁皇子の方が勝っているのであるが、個人の才能は大津皇子の方が数段すぐれていたとされる。

『懐風藻』にみえる大津皇子の伝に、姿は大きくて立派であり、学才が豊富で武術にもたけている、とある。まさに文武両道の達人といった感がある。少しほめすぎているようにも思われるが、かなりの人物であったことはたしかであろう。

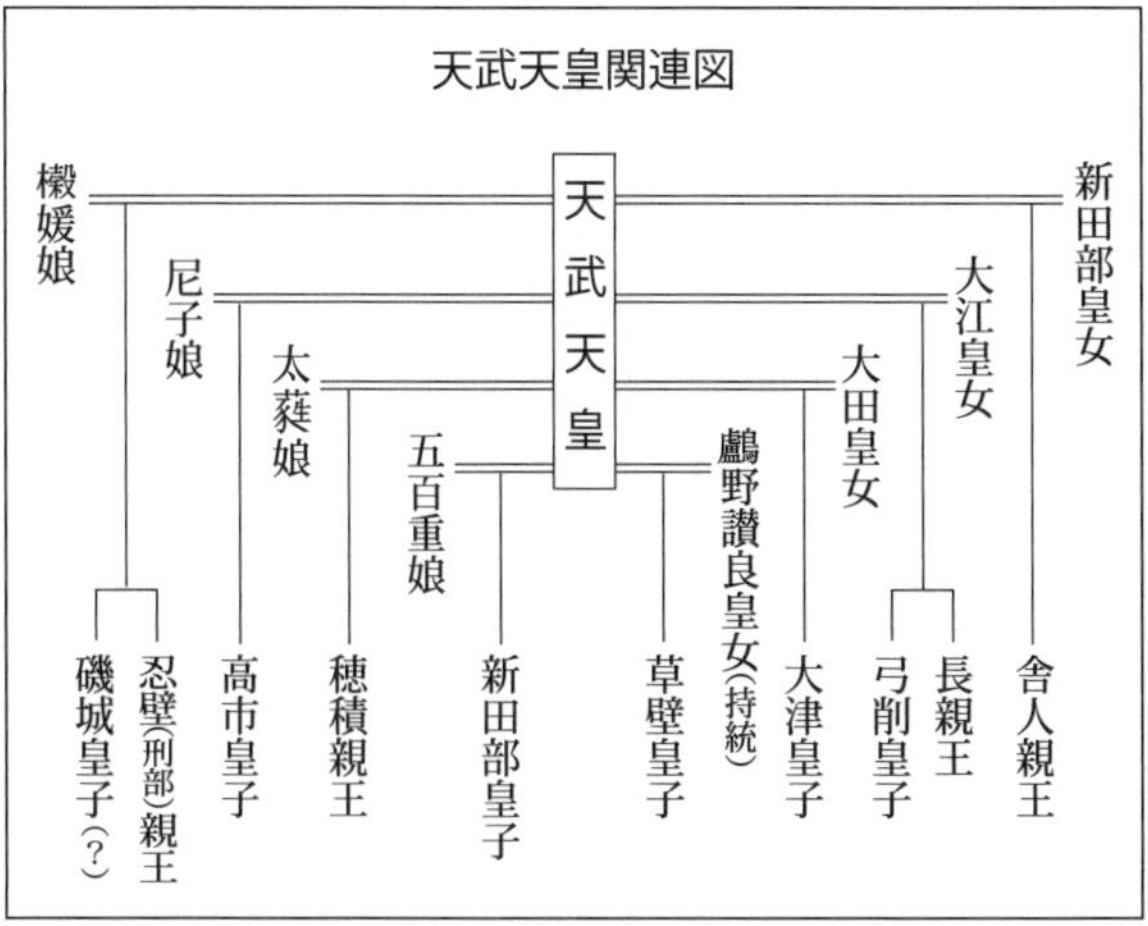

大津皇子が草壁皇子よりも器量が勝っていたであろうことは、天武八年（六七九）になっても皇太子が決まらなかったという点からもうかがえる。草壁皇子が立てられるのが当然であるのにもかかわらず、それがなされなかったというのは、大津と草壁との間に明らかに力量の差があり、さすがの天武天皇も考えあぐねていたのであろう。

天武八年五月の吉野への行幸はそうしたことが背景にあると思われる。天皇と皇后は草壁・大津の両皇子のほか、高市・川島・忍壁《おさかべ》・芝基《しき》の諸皇子をしたがえて吉野へ赴く。そこで、天武天皇は、六人の皇子にむかって、「おまえたちは異腹の生まれであるが、同じ母から生まれた子のようにいつくしもう」といって襟《えり》をひらいて皇子たちを抱き、さらに、「もしこの盟を破ったら、わたくしはたちまち死ぬであろう」と語るのである。この少々、芝居じみた天武の行動は、それだけ将来に対して不安があったことを物語っていよう。

天武十年（六八一）二月、ついに草壁皇子が皇太子となり、政治に参加するようになるが、その二年後に大津皇子も朝政に加わっている。『日本書紀』には、大津皇子が「始めて朝政を」とわざわざ記されている。皇太子として草壁皇子がいるのにもかかわらず、大津皇子も政治の表舞台に登場してきたわけである。このことは、大津皇子の実力が増してきたことを物語っているが、一方では草壁皇子とその背後にいる鸕野皇后との対立の激化をも意味している。

天武十四年（六八五）七月、美濃・伊勢以東の国々の有位者の課役が免除され、九月には京・畿内の人民の武器を調査し、東海・東山・山陽・山陰・南海・筑紫の六道に使者を送り諸国の情勢を巡察させ、さらに十月に伊勢王を東国へ派遣し、十一月には諸国に対して、大角・小角以下の軍事に関係する器具を私家におくことを禁止した。これら一連の政策は国内政治の不穏さをうかがわせるのに十分であろう。

事実、この年の九月以来、天武天皇が病の床についているのである。

天武の病は翌年になって一時回復したが、五月からまた病床にふすようになった。そして、七月十五日に「天下の事は大小を問わず、悉く皇后および皇太子に啓《もう》せ」と記して、九月九日、ついに世を去ったのである。

■大津皇子の謀反は本当にあったのか

天武天皇の死は、とりもなおさず大津皇子の立場を危うくするものであった。というのは、草壁皇子の母である鸕野皇后がわが子を守り、権力を強固にしようとするのは目にみえているからである。そうした鸕野皇后の最大のターゲットは大津皇子であることはいうまでもないことである。

悲劇は天武天皇が世を去って一か月もたたない十月二日に突然、起きた。大津皇子の謀反が発覚したのである。皇子と新羅の沙門行心《こうじん》、帳内礪杵道作《とねりときのみちつくり》、八口朝臣音橿《やくちあそみおとかし》、壱伎連博徳《いきのむらじはかとこ》、大舎人の中臣朝臣臣麻呂《おみまろ》、巨勢《こせ》朝臣多益須《たやす》ら三〇人あまりが捕らえられた。そして、翌十月三日に、大津皇子は、訳語田《おさだ》で死刑に処せられた。

大津皇子の謀反で、やはり最大の問題点とされるのは、皇子は本当に謀反を企てたのかという点であろう。というのは、この事件には不自然な点が多くみられるからである。

まず、大津の処刑の早さが気にかかる。謀反が発覚して、翌日に死刑とはいくら何でも異常であろう。また、共犯者の扱いについても奇妙な点がみられる。大津皇子とともに三〇人あまりが捕らえられたわけであるが、このうち実際に処分を受けたのは、大津に謀反をすすめたとされる沙門行心と大津の直属の従者であった礪杵道作の二名だけなのである。行心は飛騨国の寺院へ身がらを移され、礪杵道作は伊豆国へ配流となったが、残りの者たちはすべて赦免されている。そればかりでなく、このときに捕らえられた者の中で、のちに再び政界に復帰している者さえいるのである。たとえば、巨勢多益須と中臣臣麻呂は事件の三年後には、はやばやと官位を与えられているし、壱伎博徳も持統朝の末期以降に復帰し律令の編纂などに参加している。

こうしたことを考え合わせると、ますます大津皇子の謀反の真実性が疑われてくる。たしかに天武の死によって大津の立場は非常に微妙になったことはまちがいがない。大津自身がそのことを十分に認識していたであろう。しかし、そのことがすぐに謀反に結びつくとは限らない。むしろ、鸕野皇后による陰謀といった方がよいのではなかろうか。大津皇子を告発したのは『懐風藻』によると川島皇子であるという。大津と川島とは互いに親友であったともいわれる。なぜ川島は親友の大津を告発したのであろうか。それは、天武天皇の死後の政局で不安を感じていたのは大津皇子だけではなかったということである。川島皇子もまた、その一人であった。そうしたいわば心のスキにたくみにつけこんだのが鸕野皇后であったといえるのではなかろうか。

■飛鳥浄御原令の完成と新しい政策

朱鳥元年（六八五）九月にはじまった天武天皇の殯《もがり》は、持統二年（六八八）十一月十一日にようやく終わり、その日に天武は飛鳥の檜隈大内陵《ひのくまのおおうちのみささぎ》に葬られる。そして、いよいよ草壁皇子が皇位に就くというときに皇子は急逝してしまうのである。持統三年四月十三日のことである。草壁皇子には、阿倍皇女との間に生まれた軽皇《かるのおう》子《じ》がいたが、このときわずか七歳であり、皇位に就くには幼なすぎた。

こうしたことを背景として、持統四年（六九〇）正月、鸕野（讃良）皇后が即位することになる。この持統四年という年は、まさに新しい時代の幕開けであった。というのは、即位の前年に飛鳥浄御原令《あすかきよみはらりょう》が実施されたのである。天武天皇によって、六八一年に編纂のスタートがきられたこの令がついに完成し、施行されたのである。

飛鳥浄御原令は残念ながら、現在、残っておらず、したがってその内容をみることができないのであるが、二二巻から成っていたとされる。これは、のちの大宝令や養老令が一一巻であり、いずれも飛鳥浄御原令の半分の巻数であるところから、大宝令、養老令の二つの令は飛鳥浄御原令の二巻を一巻に圧縮して再編成したものといわれている。したがって、内容的にも大宝令や養老令に近いものであったと考えられている。

この飛鳥浄御原令の実施にともなって官制や税制、地方制度などさまざまな政策がみられる。たとえば、庚寅年籍が作成されたのも持統四年（六九〇）である。そして以後、ほぼ六年ごとに戸籍が作られるようになった。

この六年ごとに戸籍を作成するということは大宝令の規定であるが、飛鳥浄御原令にもすでにこうしたことを記した条文があったとされる。

また、この持統四年は、高市皇子を太政大臣、丹比真人島《たじひのまひとしま》を右大臣とするなど大

規模な人事異動が行なわれた年でもある。こうした人事と同時に中央官制も整えられていった。『日本書紀』に、

八省百寮、皆遷任す

とあるのがそれである。これは、太政官のもとに八省が付属する体制が成立したことを意味している。もっとも、当時の官職名でいうならば八省ではなく八官というべきであろう。というのは、天武朝では、宮内《みやのうち》をはじめとする六官ないしは七官の体制がとられていた。

持統四年（六九〇）にいたって、この宮内から中官《なかつかさ》がわかれたのである。中官はのちの中務省にあたる宮司であり、これによって八官の体制を『日本書紀』で「八省」と記しているのは、編者による修正であろうといわれている。

さらに、暦制においても新しい制度が導入された。それは、以前から使用されていた元嘉暦《げんかれき》に加えて唐からもたらされた儀鳳暦《ぎほうれき》を併用することになったのである。儀鳳暦は、唐の李淳風が作ったもので、唐では麟徳暦といわれる。毎月の一日を事実上の朔《ついたち》となる日にする定朔法を導入している点などに特徴がみられ、それまでの暦法から一歩すすんだ暦であった。日本では持統四年からまず元嘉暦との併用が試

みられ、文武二年（六九八）から天平宝字七年（七六三）までは、この儀鳳暦のみが使用されている。

そして、藤原京の造営が本格化したのもこの持統四年のことである。すなわち、十月に太政大臣の高市皇子らに藤原宮の地を視察させ、十二月には持統天皇も自ら藤原へでかけて検分している。その結果、香具《かぐ》山・畝傍《うねび》山・耳成《みみなし》山の大和三山に囲まれた藤原の地を宮地と決定したのである。

以後、翌持統五年の十二月には皇族と官吏に対して宅地を与え、さらに持統六年の正月には持統天皇による道路の検分が行なわれたりしており、新京の造営に加速度がつけられることになる。

■藤原京の造営

藤原京の造営は持統四年（六九〇）以降、着々と進められた。宮殿の建設に使用される木材は、はるか遠方の近江の田上山から伐り出され、宇治川を経て巨椋《おぐら》池まで運ばれ、そこから木津川を経由して大和まで運びこまれたという。いうまでもなく多くの人々が労働者として動員されたと考えられる。そうした多くの人々の犠牲のうえに藤原京は完成するのである。この年の正月に持統天皇は藤原京に行幸し、さらに十二月六日に正式に藤原宮に移ったのである。

持統四年に造営が本格化した藤原京はその後、四年の間に完成をみたということになる。これはかなりのスピードといえるであろう。実際『日本書紀』にも、持統四年以降、藤原京関係の記事がしばしばみえており天皇も藤原の地を訪れている。もっとも、『日本書紀』では、藤原京という名称ではなく「新益京」として記されている。しかし、この新益京が藤原京をさすことは明白である。

さて、新都である藤原京はいったい、どのような都であったのであろうか。まず、その京域であるが、平城京遷都によってすっかり荒地となってしまい、後世、藤原宮の位置さえ不明になってしまった。しかし、すでに江戸時代に本居宣長が天の香具山・畝傍山・耳成山の大和三山の中央に藤原宮があったであろうことを説いている。

また、大正年間になって、喜田貞吉《きたさだきち》は、藤原京の京域を下ツ道・中ツ道・横大路という古道に囲まれた範囲とする新しい発想を提示した。この発想は基本的には現在まで継承される重要なものである。

そして、こうした古道によって京域を復元したのが岸俊男である。岸説によると、京域は東西約二・一キロメートル（六千尺）、南北約三・二キロメートル（九千尺）ということになる。「大宝令」以後、左京と右京の区別ができ、各々一二条四坊に区画されていた。規模的にはのちの平城京のおよそ三分の一ほどとされる。道路に関してみると、中央を南北に走る朱雀大路が最大であり、約一七・七メートル（五〇尺）の道幅をもち両側に約七・一メートル（二〇尺）の側溝が設けられていた。そして、京内には薬師寺をはじめとする寺院が軒を並べていたといわれている。しかし、こうした藤原京の京域や構造に関しては、のちにふれるように研究がすすみ、通説とされていた岸説に修正が迫られるようになってきている。

■藤原京はなぜ造られたか

藤原京は、北魏洛陽城・東魏鄴都南城や唐長安城などの中国の都城制を導入した最初の都とされている。なぜこうした本格的な都城をもった都を造る必要性があったのであろうか。これについては、小林泰文氏によって三つの理由が指摘されている。まず一つとしては、天皇の権威の高揚ということがあげられている。条坊制による整然とした碁盤の目の条の区画、大極殿をはじめとする他を圧倒するような建物群は国内外の人々に対して天皇の偉大さを印象づけることになるというのである。

二つめとしては、天武天皇が編纂を開始し、持統天皇の代にいたって完成、施行された飛鳥浄御原令の効果を十分なものとするために新都が必要であったといわれている。つまり、官制、税制などの新しい体制をより円滑に実施するためには、当然のことながらそれなりの機能的な施設、すなわち宮司が必要となってくる。そうした役所を備えた都が不可欠ということである。また、宮司があっても役人がいなくてはせっかくの制度も実をあげることはできない。これも当然のことであるが、多数の役人が生活できるだけのスペースがぜひとも必要である。その意味でも、従来の都とはちがった機能的で大規模な都が必要になってくるのである。

さらに、三つめの理由としては、天武天皇の時代からの政策の継承があげられている。かつて天武天皇は六八二年に複都制を構想している。そして、天武は実際に難波宮を陪都として、畿内をはじめ信濃などに使者を派遣して都の候補地をあげさせている。その結果、天武十三年（六八四）三月、天皇自身が飛鳥の周辺を検分して都として適当な場所を決定している。この地こそが藤井ヶ原とも呼ばれていた藤原ではなかったかと推測されている。しかし、この複都制は天武天皇の崩御によって実現することはなかった。その夫の計画を実現したのが、持統天皇による藤原京遷都であるというのである。こうした立場に立つならば、藤原京への遷都も持統天皇の独自の政策ではなく、飛鳥浄御原令の一件と同じく夫である天武天皇の政策を継承したものということになろう。

■土橋遺跡と薬師寺の謎

藤原京の京域については、すでにふれたように岸俊男の見解が定説化しているが、近年、これに再検討を迫るような遺跡が出現して注目をあびている。

それは、一九九六年に奈良県の橿原市でみつかった土橋遺跡であり、藤原京の西京極にあたると推定される遺構が出てきたのである。これ以前にも岸によって設定された京域の外から条坊の遺構がみつかっており、そうした点をふまえて、通説よりも大きく京域を想定する意見が出されていた。大藤原京と呼ばれる京域プランがそれであるが、土橋遺跡は、この大藤原京よりもさらに外側に位置していて、問題を投げかけている。

この土橋遺跡を考慮に入れるとすると、藤原京の京域は、大藤原京よりもさらに拡大することになる。実際、そうした立場から京域を藤原宮を中心に置いた東西・南北とも一〇里の長さをもつ正方形のプランであったとする中村太一氏の見解が出されており、他にも仁藤敦史氏をはじめとして藤原京のプランについて再検討がすすめられている。

白鳳期を代表する寺院として知られる薬師寺は、そもそも鸕野（讃良）皇后の病気回復を願って天武天皇が建立に着手した寺院である。そして天武の没後、鸕野（讃良）皇后が持統天皇となり造営をひき継いだのである。

こうした由緒をもつ薬師寺であるが、創建の場所については問題が残されている。通説では、藤原京の京域内に入る橿原市の木殿《きどの》に造られ、平城京遷都ののち、薬師寺も移転したとされている。しかし、これに対して、はじめ薬師寺は飛鳥浄御原宮の近くに造られたとして雷廃寺跡をこれにあて、それが藤原京遷都ののち、木殿に移り、さらに平城京へ移転したとする説も出されている。

また、平城京への移転に際しても寺籍だけ移したのか建物や仏像も移築したのかで意見が分かれている。これは、東塔や金堂本尊の薬師三尊の成立時期にかかわる重要な問題であり、さらに検討が必要といえるであろう。

8　持統天皇――女帝の系譜からたどる古代日本

■古代の女帝たち

日本の歴史のなかには八人の女帝が登場する。このうち二人は重祚しているから代数でいうと十代ということになる。決して数的には多いとはいえない。さらに、これらの女帝のうち、六人八代は古代の女帝である。それも六世紀末から八世紀の時期に集中している。

具体的にみるならば、三十三代の推古《すいこ》天皇からはじまって、四十八代の称徳《しょうとく》天皇までの間に推古↓皇極↓斉明（皇極の重祚）↓持統↓元明↓元正↓孝謙《こうけん》↓称徳（孝謙の重祚）の六人八代が即位している。まさしく古代は女帝の時代といえよう。しかし、このことは言葉を変えると、古代から帝位には男性がつくもの、という考えがあったことを示しているともいえよう。

たとえば、『魏志』倭人伝をみてみよう。卑弥呼《ひみこ》が女王になるにあたって「其の国、本亦男子を以て王と為し、住《とどま》ること七、八十年。倭国乱れ、相攻伐すること歴年、乃ち共に一女子を立てて王と為す」とその事情を説明している。つまり、邪馬台国は男王の国であったが内乱が続いてどうすることもできなくなり、卑弥呼が女王となったというのである。卑弥呼のあとの壱《い》（台）与《よ》についても、「更に男王を立てしも、国中服せず。更々相誅殺し、当時千余人を殺す。復た卑弥呼の宗女壱与年十三なるを立てて王と為し、国中遂に定まる」と記されており、本来はあくまで男王の国であったことが確認できる。

このことは、三世紀の段階で男王を基本とする社会ができていたことを物語っており、女王はあくまでも特例の臨時的措置であった。この臨時の措置という考えは、五世紀の段階でもいうことができる。すなわち、五世紀の末頃、清寧《せいねい》天皇が没したあとふさわしい後継者がみつからず、履中《りちゅう》天皇の皇女である飯豊王が政治を行なったといわれている。この飯豊王の場合、『古事記』や『日本書紀』には即位のことが記されていないが、実質上の女帝といってもよいであろう。こうした背景として推古天皇の登場ということになる。

蘇我馬子に擁立された崇峻《すしゅん》天皇が、その馬子によって暗殺されたあと、しかるべき天皇候補者がいなくなってしまった。しいてあげるとすれば、敏達天皇と額田《ぬかた》部皇女《べのひめみこ》（のちの推古天皇）との間にできた竹田皇子、用明天皇の子の厩戸《うまやと》皇子がいたが、両皇子ともいまだ若くて即位の条件を十分に満たすことができなかったと思われる。そうしたなかで、敏達天皇の皇后であった額田部皇女が馬子の支持と大《おお》后《きさき》という資格とによって即位したのである。これが史上はじめての女帝ということになる。

皇極天皇の場合はどうであろうか。舒明天皇が十三年間の統治のあと、六四一年に崩御した。次期の天皇としては、聖徳太子の子である山背大兄《やましろのおおえ》王が立場的にはもっとも有力であった。しかし、政治権力を握っていた蘇我蝦夷は、妹の法提郎女《ほてのいらつめ》と舒明天皇との間に生まれた古人皇子の即位を画策していた。結局、聖徳太子の系統である上宮王家を代表する山背大兄王と蘇我氏が強く推す古人皇子との間に調整がつかなかった。そこで、皇極天皇の即位ということになったと考えられるのである。

■女帝としての持統天皇

次に持統天皇についてみてみよう。朱鳥元年（六八六）九月に天武天皇が没した。しかし、天武は六七九年に鸕野《うの》（讃良《さらら》）皇后や草壁皇子をはじめとする諸皇子をつれて吉野へ赴き、いわゆる吉野の誓約を行なって諸皇子が互いに協力することを誓わせていた。そして、鸕野（讃良）皇后との間の子である草壁皇子を皇太子に立てた。その後、大津皇子の政治的台頭はあったものの、天武の死後、鸕野（讃良）皇后の画策によって大津皇子は謀反ということで処刑されてしまった。もはや、草壁皇子の即位をはばむものはなくなった。しかし、ここにきて草壁自身が亡くなるという思いがけない事態が起きてしまう。

草壁皇子が没したあと、天皇の候補者がいなくなったのかというと、決してそのようなことはない。かつて吉野の誓約を行なった六人の皇子のうち、草壁と大津を除く四皇子、すなわち高市皇子《たけちのみこ》、川島皇子《かわしまのみこ》、忍壁皇子《おさかべのみこ》、芝基皇子《しきのみこ》は健在であった。これらの四皇子のうち、川島、芝基の二人の皇子は天智天皇の皇子であるからこの場合、皇位継承者から一応、除くとしても高市、忍壁の二皇子は皇位継承の候補者に十分なり得たと思われる。

　高市皇子は胸形君徳善《むなかたのきみとくぜん》の娘である尼子娘《あまこのいらつめ》の子であり、忍壁皇子は宍人臣大麻呂《ししひとのおみおおまろ》の娘の櫢媛娘《かじひめのいらつめ》の子である。両皇子の母はいずれも地方豪族の出身であり、この点、両皇子は卑母の出生ということになる。母親が卑母ということは、皇位継承にさいしてランクづけを下げる大きな要因になるであろうが、たとえば壬申の乱において大きな功績をあげた高市皇子にとっては致命的な要因とまではならないであろう。

　しかし、天武の後継者として即位したのは鸕野（讃良）皇后であり、高市皇子でも忍壁皇子でもなかった。六九〇年正月、鸕野（讃良）皇后が称制をやめて正式に即位した。持統天皇の誕生である。持統の即位の理由は、草壁皇子の子である軽皇子《かるのみこ》への皇位を譲るための時間かせぎといわれている。草壁皇子が没したとき、軽皇子はわずかに七歳であり、皇位に就くにはあまりにも若すぎた。そのために軽皇子が成長して皇位に就くことができるようになるまで持統が政治を執ることになったのである。

　この背景には、天武直系による皇位継承を実現しようとする持統天皇の確固たる強い意志が感じられる。こうしたことができたのは、ひとえに壬申の乱以来、天武と苦楽を共にしてきた持統だからこそであった。そして、この天武直系による皇位継承を維持するために、こののち元明、元正の両女帝が即位することになるのである。

■天武直系の皇位継承へのこだわり

当時の皇位継承の通念は、兄弟相続か直系の父子相続であったと思われる。したがって、天武天皇が亡くなり、皇太子の草壁皇子も没したとなると、皇位を継承するのは草壁皇子の兄弟たちと考えるのが一般的といえよう。ところが、鸕野（讃良）皇后（持統天皇）は草壁皇子の子である軽皇子に皇位を継がせようとしたのであるから、これはずいぶんと思い切った決断といえよう。こうした決断をさせた背景には、いったいどのような事情があるのであろうか。

もちろん、一つには自分の子である草壁皇子の血筋をひく遺児への愛情が考えられるであろう。持統にとっても、軽皇子はいとおしい孫にあたる。早逝したわが子に代わって孫を皇位に就けたいと願う祖母の気持は十分に理解することができよう。

しかし、天武天皇の直系をなんとしてでも皇位にすえようとする気持は、たんに孫への愛情のみではないように思われる。この点について、天武朝で積極的に導入されてきた律令制機構の整備があげられている。言葉をかえるならば、中央集権的機構が整いつつあったことと無関係ではないということである。官僚機構が整備され、その頂点に立つ存在として天皇が位置づけられるようになると、当然のことながら天皇は絶大な権力を掌中に収めることになる。そのような体制において、天皇位をめぐって争乱が起きるようなことがあれば、それこそ国家の危機といってよいであろう。かつての壬申の乱のような事件は絶対に避けなければならない。そのためには天皇に就くことのできる人間をあらかじめ明確にしておく必要があるというわけである。

つまり、天皇の嫡妻である皇后が生んだ嫡子が皇位を継ぎ、そのあとには嫡孫が継ぐといった直系相続を確立するのが一番わかりやすいということになる。持統がことさら軽皇子（のちの文武天皇）への皇位継承にこだわったのは、こうしたことによるとされている。

3章

奈良・平安時代

9 長屋王――呪術「左道」と長屋王を結ぶ線

■長屋王と道教

道教はいうまでもなく中国において発生した宗教である。陰陽・五行・神仙・巫祝・讖緯《しんい》といった中国の原始信仰を母胎とした民間信仰であり、二世紀後半くらいに教団的な組織が誕生したとされている。こうした初期の段階の特徴としては呪術による治病があげられる。太平道や五斗米道《ごとべいどう》はその典型であり、原始道教といわれる。

この原始道教に易の要素を加えたのが魏伯陽であり、三世紀のことである。そして、次の四世紀になると葛洪がでて、それまでの神仙説を大成し道教の教理の確立に貢献した。さらに、五世紀に入ると寇謙之が現われて道教の教団化がすすめられた。すなわち、仏教の寺院にあたる道観がつくられ、そこに仏像に相当する道像が置かれるようになる。布教という面では僧尼にあたる道士や女冠とよばれる人々が出現して組織化がおこなわれるようになった。こうして道教は、隋・唐の時代に国家による保護を背景として完成期をむかえることになる。

しかし、こうした支配者層を対象とする整えられた道教とは別に、主として民衆層に受容されていった道教もあった。こちらは必ずしも道観や道像・道士の存在を必要としたものではなかった。そこで、国家の保護を受けた道教を成立道教とか教団道教とかといい、民衆の間に広まった道教を民衆道教とか民間道教とかといって両者を区別している。

こうした二つに区別してとらえる方法に対しては最近、異論も出されているが、一般的には現在も二通りに分けてとらえていると考えられる。そして、日本に入ってきたのは、民衆道教の方であったとみなされている。その理由としては、古代日本には、道観といったものはみられず、道像についても確認できないということがあげられる。もっとも、道観の存在を主張する説もみられるが確実とはいえないと思われる。

それでは、民衆道教が日本に入ってきたのはいつごろかというと、六世紀のあたりとされている。これ以後、日本における道教の受容が始まるわけであるが、興味深いことは、道教全般が受け入れられたのではないということである。具体的にいうと、日本においてもっぱら受容されたのは、道教の中心的要素のひとつである神仙思想なのである。その好例としては、たとえば『日本書紀』の皇極天皇三年（六四四）七月条に記されている常世神《とこよのかみ》の事件があげられる。東国の不尽河《ふじのかわ》（富士川）のあたりで大生部多《おおふべのおお》という人物が常世神という虫を祭ったというのである。この虫、すなわち常世神を信仰することによって、富と若さとを得ることができるというわけである。ここにみられる常世神の信仰には種々の習俗が混在していて道教そのものとは異なるが、不老長生をもたらすとする神仙思想の要素をみることは可能である。

この常世神の事件は国家によって弾圧されてしまうが、神仙思想の所産である常世に対するあこがれや信仰は、そののちもずっと受けつがれ広まっていった。そのことは、『万葉集』や『懐風藻』、そして『風土記』などからうかがうことができる。こうしたことは、とりもなおさず、八世紀の段階において、道教の中核的要素のひとつである神仙思想が都の貴族のみならず地方にまで普及していたということをものがたっていよう。

ここでは、奈良時代を代表する政治権力者の一人である長屋王にスポットをあてて貴族層において道教思想がどのように受け入れられていたかについてとりあげてみることにする。

■長屋王の変の発端

天武天皇を祖父とし、高市皇子《たけちのみこ》を父として生まれた長屋王は、まさに奈良朝初期の政界をリードした政治家といえよう。邸宅跡から大量の木簡《もっかん》が出土し、あらためてその権力の大きさが実感された。実際、長屋王は、藤原不比等《ふひと》が没した翌年の養老五年（七二一）に右大臣に昇り、さらに神亀元年（七二四）には左大臣となっている。

しかし、長屋王というと、どうしても有名な長屋王の変のことを思わずにはいられない。それは天平元年（七二九）の春のことであった。二月十日の夜、突然、諸衛府の兵を率いた藤原宇合《うまかい》らによって王は邸宅を包囲された。そのまま軟禁状態におかれた長屋王は、その翌日、聖武天皇の勅使として派遣された舎人《とねり》親王と藤原武《む》智麻呂《ちまろ》によって罪を厳しく問いつめられることになる。罪状は何かというと、「左道」を学び国家を傾けようとした、というものであった。そして、長屋王は藤原武智麻呂らに糾問された翌日に自殺することになる。夫人であった吉備内親王と膳夫《かしわで》王をはじめとする四人の子供たちもあとを追って自殺した。

長屋王の変は事件全体に謎の部分が多く、本当に長屋王が国家に対して謀反を企てていたかどうかは疑問である。この点に関して『続日本紀』には、無実であったことをうかがわせる記事がみられる。藤原氏による勢力拡大のための陰謀であったとみるのが一般的であろう。

ここでは、長屋王が実際に謀反を企てていたかどうかという点については立ち入らない。問題にしたいのは、長屋王が「左道」を学びそれによって国家を傾けようとしていたとされる点である。この点に関して『続日本紀』の天平元年二月十日条をみると、長屋王の変は漆部造君足らの密告に端を発した事件なのである。その密告のなかで長屋王が「左道」を学んでおり、それによって国家を傾けようとしているといっている。したがって厳密にいえば、長屋王が本当に「左道」を学んでいたかどうかについては確証がない。しかし、そのことはひとまずおくとして、「左道」が国家を傾けるほどの威力をもっていると認識され危険視されていたことは認めてよいであろう。このように恐れられていた「左道」とは一体、どのようなものなのであろうか。

■道教の呪術「左道」の実態

「左道」をひとくちでいうと、道教の呪術のひとつであり、内容的には厭魅《えんび》を中心としたもののことである。厭も魅も呪いの一種であり、具体的にいうと、厭は人形《ひとがた》を用いてその眼や心臓に釘を打ちつけたり、手足をきつく縛ったりすることである。人形に与えた苦しみが呪いの対象である人物に加えられ、ついにはその人物が死んでしまうことになる。また、魅とは、符書をマニュアルとして呪詛《じゅそ》をつくったり、鬼神などに祈ったりして特定の人物を呪い殺すというものである。左道が厭魅を中心としたものであろうことは、『続日本紀』からもうかがえる。それは、長屋王の変が発覚した直後の天平元年四月に出された聖武天皇の勅であり、内容は次のようなものである。

内外文武の百官および天下の百姓、異端を学習し、厭魅呪詛して百物を害ひ傷るものあらば、首は斬し従は流せん。もし山林に停住して詳《いつわ》りて仏法をいふまねして自ら教化をなして、伝習して業を授け、書符を封印し、薬を合して毒を造りて百方恠を作し、勅禁に違犯するものあらば、罪またかくの如くならん。その妖訛の書をば、勅出てより以後、五十日の内に首《まう》し訖れ。もし限の内に申さずして、後に糺し告げられたるものあらば、首従を問はず、皆ことごとく配流せん。

この勅は一般的には、当時さかんに平城京の中などで多くの弟子をひきつれて民間布教を展開していた行基《ぎょうき》とその一派に対する弾圧を目的としたものといわれている。しかし、行基たちのみを対象としたものではなく、むしろ、広く厭魅などの道教の呪術を学習することを禁じたものであるという見方もなされている。この勅が出された時期が長屋王の変のあと、わずかに二か月しかたっていないということを考えあわせると、両者の間に関係性を認めることは、説得力があるように思われる。「左道」が犯罪として弾圧された事件は、長屋王の変のみではない。道鏡の側近の一人であった基真が飛騨国へ流されたのも「左道」を学んでいたことによる。その事件が起きたのは神護景雲二年（七六八）のことである。基真は山階《やましな》寺の僧であり、法参議として政権に加わっていたのであるが、師の法臣円興を凌突《りょうとつ》したとして飛騨国へ配流となったのである。基真は、好んで「左道」を学び、童子を呪縛して他人の秘密を暴露することができたという。この基真の呪術を一般的には仏呪、すなわち仏法による呪術と解釈する場合が多いが、「左道」という点に注目するならば、道教的な呪術とみる方がむしろ自然であろう。

ところで、長屋王が実際に「左道」を学んでいたかどうかについては、断定的なことはいえない。しかし、のちにのべるように、長屋王には神仙思想の知識がみられ、道教についてもかなり熟知していたように思われる。したがって、「左道」についても知識として知っていたということは十分に考えられよう。ただ、そのことがすぐに国家に対して謀反を企てていたということにはつながらない。結果として、国家側（反長屋王派）は「左道」イコール謀反とみなし弾圧の対象もしくは口実としていたということであろう。

ましてや、長屋王が反仏教的であり、そのために身を滅ぼしたという、『日本霊異記』の説話は事実とは思えない。

この『日本霊異記』のなかの説話はよく知られたものであるというばかりでなく、『続日本紀』にみられる長屋王の変の記事とは内容を異にしており、その点でも興味深い。

『日本霊異記』の説話の内容を追うならば、天平元年の三月八日に元興寺で聖武天皇が大法会を行なったとき、長屋王は僧侶らに食事を供養する役の指揮をとったという。そのとき、位の低いみすぼらしい姿をした沙弥《しゃみ》が食事を盛る場所へ勝手にでかけていって鉢を捧げて飯を受けた。それをみた長屋王は怒りをあらわにして、沙弥の頭を象牙の笏《しゃく》で打ったというのである。すると、沙弥の頭皮が破れて血が流れ出た。沙弥は長屋王に恨みごとをいったりしていたが急に姿がみえなくなってしまった。そこで、その場にいあわせた人々は、不吉なことだとささやきあったというのである。その二日後、長屋王は、国家を滅ぼし皇位を奪おうとしていると讒言《ざんげん》されてしまう。天皇によって兵を向けられた長屋王は、自分には罪がないけれども逃れることはできないと思い、子供たちを殺して自分も毒を飲んで自殺してしまったというのである。

これが『日本霊異記』にみられる説話の大筋である。ここには「左道」を学んでいたということはまったく出ていない。そのかわり、沙弥の頭を打ったから、その仏罰によって身を滅ぼしたということになっている。長屋王の仏教信仰については明確なことはいえないが、たとえば、『唐大和上東征伝』には、玄宗皇帝が長屋王についていいった言葉として、

又聞く。日本国の長屋王、仏法を崇敬し、千の袈裟を便ち、此国の大徳の衆僧に棄施す。

と記している。もちろん、『唐大和上東征伝』の記事をうのみにすることはできないが、そうかといって長屋王を一方的に反仏教的とすることもできないであろう。

■『懐風藻』のなかの神仙思想

長屋王の道教についての素養が端的にうかがえるものが『懐風藻』である。『懐風藻』は、天平勝宝三年（七五一）に成立した現存最古の漢詩集である。その中には、大津皇子ら六四名の作品一二〇首が収められている。

長屋王の作品も三首とられており、その一首が、

五言。元日の宴、応詔。一首。

年光仙籞《せんぎょ》に泛《う》かび、日色上春に照らふ。
玄圃《げんぼ》已《すで》に故《ふ》り、紫庭桃新ならんとす。
柳絲歌曲に入り、蘭香舞巾《ふきん》に染む。
焉《ここ》に三元の節、共に悦ぶ望雲の仁。

というものである。おおよその意味をとるならば、

新春の光は天子の住む御垣の内に浮かび、日光は一月に照り輝いている。天子の御苑の梅はすでに咲ききり、代わって御庭の桃が新しく咲こうとしている。しだれ柳の糸は風につれて宴会の歌曲に入り、蘭の香りは舞う女人の頭巾に染みつく。ここに元日の佳節にあたって、皆が共に雲を望みみるような堯《ぎょう》のような天子の仁徳を喜ぶ。

といったところであろうか。この漢詩の中で、「仙籞」とは、本来、仙人の住居の囲いをいう言葉である。また、「玄圃」も本来は、崑崙《こんろん》山の頂上にあるという仙人の住居のことである。ここでは、いずれも天子、すなわち天皇におきかえられているが、道教の神仙思想がベースになっている。さらに、「桃」は不老不死の果実であり、ここにも神仙思想の影響をみてとることができよう。

　このように、長屋王の漢詩には神仙思想の要素を指摘することが可能である。そして、このことは、実は長屋王ひとりに限らず『懐風藻』全体にわたってみい出すことができるのである。つまり、『懐風藻』に収められている作品についてみられる特徴のひとつとして神仙思想の要素があげられるということである。しかし、こうしたことは、当時の貴族層が神仙思想を深く学んでいたことにはつながらないという指摘もなされている。つまり、『懐風藻』の詩風が中国の六朝詩や初唐詩の模倣といった要素が強く、詩の中で展開されている思想の内面までを学んだものではないということである。いいかえると、あくまでも言葉だけの世界である、ということになろう。

　しかし、はたしてそうとばかりいいきれるものであろうか、という疑問もわいてくる。不老不死をもたらす神仙思想に奈良朝の貴族層が興味を示したであろうことは想像に難くない。とするならば、彼らが神仙思想に対して相当な知識をもっていたとも考えられる。たとえば、『懐風藻』に収められている伊予部馬養《いよべのうまかい》の詩をみてみよう。

五言。駕に従ふ、応詔。一首。

帝堯仁智に叶《かな》ひ、仙蹕《せんひつ》山川を玩《め》でたまふ。
疊嶺杳《ふか》くして極らず、驚波断えて復連く。
雨晴れて雲は羅《うすもの》を巻き、霧尽きて峰は蓮を舒《ひら》く。
庭に舞ひて夏槿を落し、林に歌ひて秋を驚かす。
仙槎栄光を泛《う》かべ、鳳笙祥煙を帯ぶ。
豈に獨り瑤池の上のみならめや、方に唱はん白雲の天。

ここにみられる「仙蹕」とは本来、仙人の前駆けのことであり、「仙槎」とは仙人の乗る筏《いかだ》のことである。この詩では仙人ではなく天子の前駆け・筏のこととして使われているが、もともとは神仙思想が背景となっている。また、「白雲の天」は西王母の故事をふまえた詩句とされている。西王母は道教の神であり、ここにも道教的要素をかいまみることができる。

伊予部馬養の詩は、天子を仙人になぞらえる点にみられるように、たしかにパターン的に神仙思想を扱っているともいえる。しかし、一方では馬養は浦島子伝承を書き留めた人物としても知られている。『丹後国風土記』の逸文《いつぶん》としてのこされている浦島子伝承には、「伊預部馬養連が記せるに相乖《あいそむ》くことなし」と書かれている。

浦島子はいうまでもなく浦島太郎の原形となった人物であり、人間界と常世国とを往来したことになっている。まさに、浦島子伝承は、神仙思想の典型といってもよい伝承であり、それを伊予部馬養がまとめているということは、馬養にとって神仙思想は漢詩をつくるさいの単なる表現技法のひとつにすぎないとはいえないように思われる。

伊予部馬養を例として、当時の貴族層と神仙思想との関係をとりあげてみたが、やはりかなりの知識、理解力があるように思われる。したがって、『懐風藻』における詩句表現がパターン的だからといって、いちがいに貴族層の理解力が欠如しているとはいえないのではなかろうか。

■藤原四子が残した詩を読み解く

『懐風藻』の長屋王の詩から神仙思想の要素を読みとったのであるが、他の貴族層の詩にも目をやってみたい。とりわけ長屋王の最大のライバルともいうべき藤原四子がどのような詩を残しているのかは興味がそそられる。

藤原四子の作品を『懐風藻』で探すと、長兄の武智麻呂のものは残念ながら収録されていないものの、他の三人についてはその作品をみることができる。

そして、そこからは長屋王と同様、道鏡や神仙思想の要素を十分にうかがうことができるのである。

長屋王についていわれる「左道」や神仙思想の影響を通して、長屋王が道教に関する知識をかなり身につけていたのではなかろうかということをのべてみた。そして、これらの道教の知識はひとり長屋王のみならず奈良時代の貴族たちにも広く受け入れられていたと思われる。こうした道教思想の受容に対しては、いままであまり積極的な評価がなされてこなかったように思われるが、再検討の余地が十分にあるように思われる。

10　藤原良房——陰謀と謀略の本当の勝者

■藤原良房の生い立ち

藤原北家の隆盛の基礎をつくった冬嗣《ふゆつぐ》の次男として生まれたのが良房《よしふさ》である。母は藤原南家の真作《まつくり》の娘の美都子《みつこ》であり、彼女は尚侍《ないしのかみ》として宮廷に仕え、嵯峨天皇の信任があつかった。また、美都子の弟である三守《みもり》の妻安子《やすこ》は、嵯峨天皇の皇后嘉《か》智子《ちこ》（檀林皇后）の姉であった。

このように、良房は閨閥の面からも嵯峨天皇、そしてその皇后の嘉智子と深い結びつきをもっていた。

延暦二十三年（八〇四）に生まれた良房は、名門の貴公子として成長を続け、そのぬきんでた才能と風采とによって嵯峨天皇に好まれたといわれる。

嵯峨天皇の皇女潔姫《きよひめ》を妻とすることができたのは、そのなによりの証しであり、二人の間には、やがて明子《あきらけいこ》が生まれることになる。しかし、そうはいっても天長三年（八二六）に左大臣であった父の冬嗣が没したときには、まだ蔵人《くろうど》という立場にしかすぎなかった。

けれども、この淳和朝において良房はひとつの大きなきっかけをつかむ。それは春宮亮《とうぐうのすけ》として、皇太子であった後の仁明天皇との間に関係を結ぶことに成功したことである。

天長十年（八三三）、仁明の即位にさいして良房は蔵人頭となり、翌承和元年（八三四）には参議に昇進した。良房が三十一歳のときである。

さらに、その翌年、良房は源信《まこと》・源定《さだむ》・橘氏公《うじきみ》・文室秋津《ぶんやのあきつ》・藤原常嗣らをはじめとする七人の上席者を越えて権中納言の地位についた。そんな折に起きたのが承和の変である。

■承和の変の経緯

承和七年（八四〇）に淳和上皇が、そして二年後の承和九年（八四二）に兄の嵯峨上皇が崩じた。事件はこのあと起こった。

　嵯峨上皇崩御の二日後、すなわち承和九年七月十七日、朝廷はだしぬけに春宮坊帯刀《たちはき》の伴健岑《とものこわみね》、但馬権守の橘逸勢《はやなり》らを逮捕したのである。

　事の発端は、天皇の皇子である阿保《あぼ》親王によって、皇太后である橘嘉智子にもたらされた密書にある。

　それによると、伴健岑と橘逸勢とが皇太子の恒貞親王を擁して兵をあげクーデターを起こそうとしている、というのである。密書を受けた嘉智子は、さっそく良房をよびよせて対策をねり、その結果、良房によって密書の内容は伝奏された。

　捕えられた伴健岑・橘逸勢らは厳しい取り調べや拷問にも屈しなかったため、政府は事件についての証拠を何ひとつ得ることができなかった。しかし、それにもかかわらず、春宮坊を中心とする謀反の嫌疑はますます深められていき、伴健岑らが逮捕されてから六日後の八月二十三日にいたって、ついに事件は決定的なものとなり、勅使として左近衛少将の藤原良相《よしみ》が近衛四〇名をひきつれて皇太子の恒貞親王を軟禁したのである。

　このとき、仁明天皇は意図的に皇居から冷然院へ移っており、恒貞親王もまたこれにしたがっていた。さらに、ここには良房の叔父にあたる大納言の藤原愛発《あらち》、中納言の藤原吉野、参議の文室秋津も出仕しており、彼らもともに軟禁された。

同日、仁明天皇は詔を発して伴健岑・橘逸勢を謀反人と決めつけ、隠岐国と伊豆国とにそれぞれ配流とするが、橘逸勢は伊豆へ送られる途中、遠江国において憤死した。事件の責任は当然のことながら皇太子の恒貞親王にもおよび、廃太子とされた。

この他に連坐した者は六〇名あまりの多数におよび、このなかには娘が皇太子の恒貞親王妃であったため大納言の職をとかれ京外に追放となった藤原愛発、中納言から大宰員外帥に左遷された藤原吉野、参議から出雲員外守に左遷された文室秋津らも含まれていた。

その後、新たな人事の発表があり、良房は大納言に進んだほか、源信は中納言に、源弘《ひろむ》と滋野《しげの》貞主は参議にそれぞれ昇進した。

ついで、八月四日には、仁明天皇の長子である道康親王が皇太子に立てられた。のちに文徳天皇となるこの皇太子は、ときに十六歳であり、何をかくそう生母は良房の妹の順子であった。そして、ここに承和の変は幕を閉じることになる。

■事件の背景にあるもの

嵯峨上皇の崩御を契機としてだしぬけに起こり、あわただしく幕をおろした承和

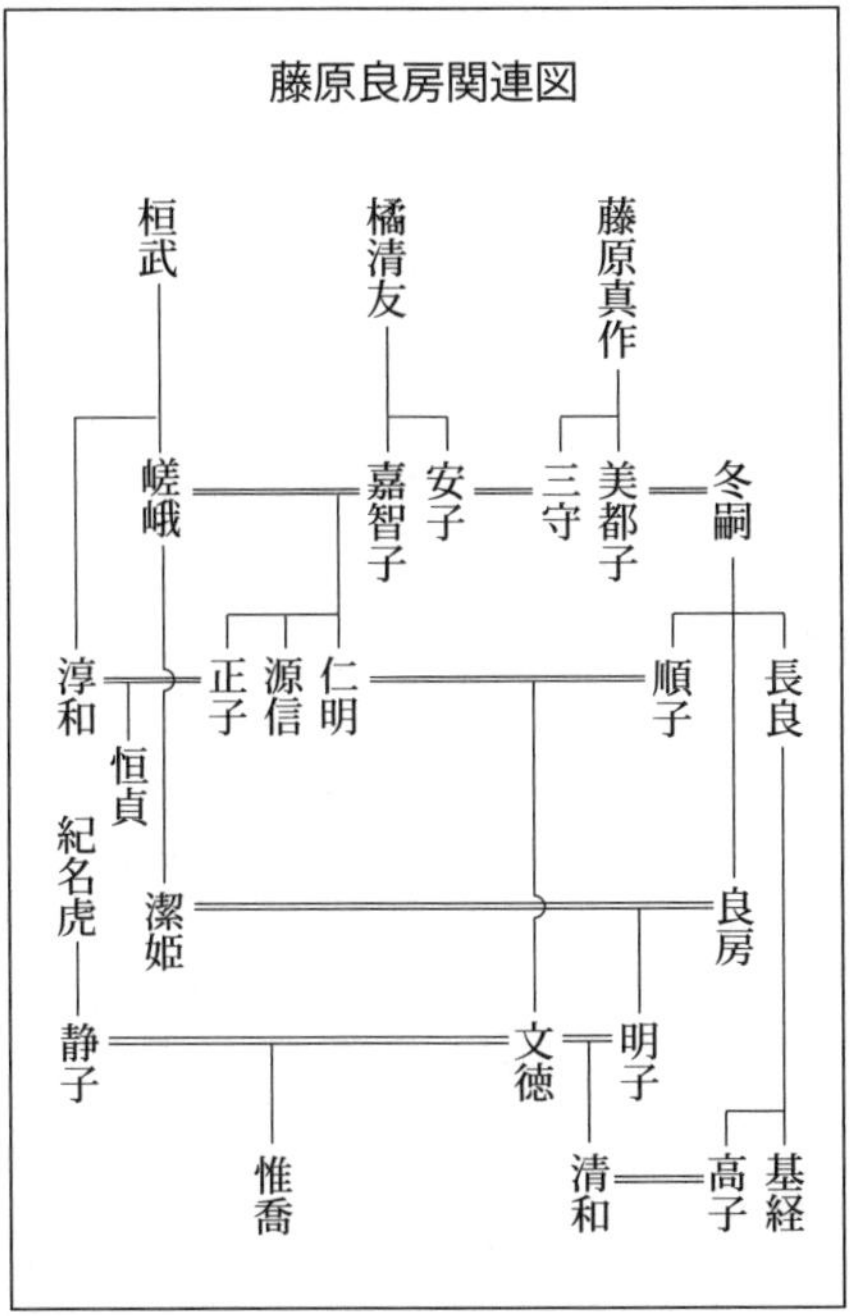

の変であるが、それでは伴健岑と橘逸勢は本当にこうしたクーデターを企んだのかというと、どうもそうではないというのが一般的である。

事件の遠因は、嵯峨天皇にさかのぼるといわれている。薬子の変ののち、嵯峨天皇は皇太子に弟の大伴親王を立てた。大伴親王が即位して淳和天皇になると、皇太子として嵯峨上皇の皇子正良親王が立ち、ついで正良親王が即位して仁明天皇となると、淳和上皇の皇子の恒貞親王を皇太子とした。

つまり、嵯峨天皇のときから、皇位は二系統による交替制で受けつがれてきたのである。このことは、自然と官人層内部において二つの派閥が生み出されることにもなる。

こうしたことを背景として、仁明朝の前半期には淳和上皇・恒貞親王側の藤原愛発・藤原吉野・文室秋津と、嵯峨上皇・仁明天皇側に立つ藤原良房・橘氏公らの二グループが形成されつつあった。

それまでの流れでいくと、仁明天皇のあとは皇太子の恒貞親王が即位することになるが、そうした秩序をあやうくしたものが淳和・嵯峨という二人の上皇のあいつぐ崩御であった。

すなわち、この二上皇の崩御は、とりもなおさずそれまでの秩序の安全弁がとり払われたことを意味していた。

まず何よりも、頼みの綱ともいうべき淳和上皇が嵯峨上皇に先立って崩じたことは、東宮である恒貞親王には大きな打撃であり、東宮に仕える伴健岑らの不安はいやがうえにも増したであろう。

当時、仁明天皇には、良房の妹である順子との間に生まれた道康親王がおり、当然のことながら皇太子である恒貞親王の対抗勢力とみなされていた。伴健岑らは、こうした状況下で恒貞親王が難しい立場に追いこまれるであろうことを予測し、良房の動向に神経質になったであろう。

とはいえ、このことが、すぐに伴健岑らによるクーデターにはつながらない。なぜなら、伴健岑は春宮坊帯刀、橘逸勢は但馬権守であり、共に地位的には低く、中納言の良房に対抗できる立場にはなかったからである。

むしろ、事件の真相は阿保親王が皇太后嘉智子に密書を送ったこと、その密書を嘉智子が特に良房を招いて見せたということ、このあたりにあるのではなかろうか。

嘉智子としては、自分の嫡系を皇嗣にすえたいという気持は当然もっていたであろうし、それは仁明天皇にしても同様であったろう。そして、一方では、伴健岑や橘逸勢らによる恒貞親王擁護の動きがみられ、そうした動きは時として激しさを増すこともあったと思われる。

これらをたくみに結びつけ、自らの利益を拡大したのが良房であった。良房は、閨閥的にも関係の深い嘉智子の気持を的確に察し、仁明をもとりこんで大きな後ろだてを得た。そして、伴健岑らの言動を状況証拠として事件をつくりあげたのである。

承和の変によって、嘉智子と仁明天皇はたしかに自分たちの嫡系を皇太子にすることに成功した。

しかし、この事件でもっとも大きな利益を得たのは、いうまでもなく良房であった。

まず何よりも、自分の妹の順子の子を皇太子にすえることができたのは、大きな収穫であった。また、藤原愛発・藤原吉野という同族のライバル二人を追放したことも良房のその後の栄達にとっては大きなプラスとなった。さらに伴・橘という名門氏族に打撃を与えることができたのも大きかった。

■良房がつかんだ権力

承和の変によって、権力の道へ大きく前進した良房であるが、まだ朝政を左右するまでにはいたらなかった。というのは、藤原氏のなかでは、式家の緒嗣《おつぐ》が左大臣を占めており、彼が一族の代表であった。また、右大臣には源常《ときわ》がおり、良房と同じ大納言としては橘氏公がいた。

そのため、良房は大納言に加えて、右近衛大将・民部卿・陸奥出羽按察使といった要職を兼任しつつ、さらなる一手を打った。それは、天皇の外戚への布石であった。

すでに、承和の変にさいして良房は、妹である順子の子道康親王の立太子に成功したが、皇太子となった道康親王は紀名虎《きのなとら》の娘である静子《せいし》をめとり、第一皇子の惟《これ》喬《たか》親王をはじめとして三人の皇子をもうけていた。

良房は、道康親王のもとに、自分の娘明子をとつがせた。明子は父の期待にこたえて第四皇子として惟仁親王を生んだ。のちの清和天皇である。こうして、天皇の外戚の立場をねらう良房のくわだては着実に実を結んでいった。

その良房が右大臣の地位を得たのは嘉祥元年（八四八）のことである。橘氏公が没し、そのあとをおそったのである。左大臣として藤原氏一族を代表していた緒嗣は承和の変の翌年に没しており、ついに、良房は名実ともに藤原氏のトップに立ったのである。

さらに、翌嘉祥二年、良房は従二位に昇り、ますます栄達への道をつき進んでいった。

そうした中、嘉祥三年、仁明天皇が四十一歳で急死した。仁明天皇の崩御を受けて、皇太子の道康親王が即位した。文徳天皇であり、ときに二十四歳であった。その年の十一月に、明子の生んだ惟仁親王が生後わずか九か月で皇太子に立てられた。

文徳天皇には、すでに静子との間に生まれた第一皇子の惟喬親王がおり、年齢も七歳になっていた。天皇は惟喬親王を愛していたといわれるが、頼みの綱であった祖母嘉智子も五月に没しており、もはや良房の思惑にさからうことはできなかった。

文徳天皇はその後も、惟喬親王を皇太子につけようとして水面下で良房と争ったともいわれるが、それは実現することはなかった。

天安元年（八五七）に良房は右大臣から一躍、太政大臣に任じられた。平安京への遷都後、初めての太政大臣であり、まさに異例の昇進であった。良房は五十四歳にしてついに極官に昇ったのである。

良房が太政大臣になった翌年の天安二年、文徳天皇が急病におそわれ三十二歳の生涯を閉じた。ここに良房を外祖父とする惟仁親王がわずか九歳で即位した。清和天皇であり、良房はついに天皇の外戚となったのである。

清和天皇の即位と同時に、良房は事実上の摂政となった。この摂政職は、貞観六年（八六四）に清和天皇が元服したのを機にいったん辞退したといわれるが、このあと世を騒がす応天門の変が起こるのである。

■応天門の変の経過

貞観八年閏三月十日夜、応天門が炎上した。応天門は朝堂院の南の正門で、朱雀門の北に位置していた。

『伴大納言絵詞』には炎上の様子がダイナミックに描写されているが、それによると応天門の上層は入母屋造になっている。この門と共に東に建つ棲鳳楼《せいほうろう》、西に建つ翔鸞楼《しょうらんろう》にも火は移り、すべて灰燼に帰した。

政府は、はじめ誰のしわざかわからず、神々に加護を祈ったり、諸寺に仁王般若経を転読させたりした。

ところが、応天門が炎上した直後、いち早く動いた男がいた。大納言の伴善男《とものよしお》である。善男は、良房の弟で右大臣であった良相《よしみ》に、応天門の放火は左大臣の源信のしわざであると告げた。

善男は、かつて長岡京の造営にからんで藤原種継を射殺したとされる大伴継人の孫にあたる。継人の子国道はこの事件に連坐して佐渡へ流されたが、のちに恩赦によって都に帰り、最後は参議にまで昇った。

善男はこの国道の五男である。善男は、背が低くやせぎすであり、まなこは深くくぼみ、ひげを長くたらしていたという。好人物とは決していえず、むしろ悪がしこい男というイメージである。

しかし、政務に関しては熟知していたようで、仁明天皇の信任を受け、任官からわずか八年にして参議に昇進している。弁舌もたくみであり、善男の攻撃を受けて退官のうきめにあった者もいたほどである。その善男に左大臣の源信はねらわれたわけである。善男の訴えに耳を貸したのが、右大臣の藤原良相ということになる。

良相は学識も豊かで、兄の良房政権のブレインとして重要な位置を占めており、源氏の政界進出に対して危機感をもっていた。しかし、この点については良房は弟とは異なった意見をもっていたようである。

善男の訴えを聞いた良相は、ただちに良房の養子で参議になっていた基経をよびよせ源信の逮捕を命じた。しかし、基経はこのことをまず良房に知らせ、良房の対応を待った。

良房は、さっそく清和天皇のもとへ使者を送って、源信の無実を主張させたので、源信は追及をのがれることができた。この段階で良房は、源氏を排斥するのではなく、逆に懐柔する方を選んだのである。この点で弟の良相とはくい違う面をみせているのである。

応天門の炎上事件は、それから五か月後の八月三日にいたって、急展開をみせることになる。

それは、左京の人で備中権史生の大宅鷹取《おおやけのたかとり》という者が、応天門に放火したのは善男とその子の中庸《なかつね》であると密告した。さらに、善男についての取調べのさなか、大宅鷹取の娘を殺したとして善男の従者である生江恒山《いくえのつねやま》・伴清縄《きよなわ》が尋問されたりもした。善男はもちろん事件への関与をはっきりと否認した。

しかし、ここで良房はさらにことを有利に運ぶために手を打った。八月十九日に清和天皇の勅を受けて、正式に人臣で初めての摂政の地位についたのである。

伴善男と中庸とが放火をしたという生江恒山らの自白を受けて、善男と中庸はきびしく訊問された。そして、九月二十二日に、伴善男・伴中庸・紀豊城・伴秋実《あきざね》・伴清縄の五人は応天門放火の主犯として大逆罪となったが、死一等を減じられて遠流とされた。

これに縁坐する者として紀夏井ら八人も配流となった。八人のうち、紀夏井は清廉な能吏として知られていたが異母弟の豊城が事件に関与していたため縁坐して土佐国に流された。善男の財産はすべて没収となり、ここに名族としてほまれ高い伴・紀両氏は完全に没落することになった。

■良房全盛時代がもつ意味

まるで伴善男が一人で騒ぎ、そして失脚したかのような応天門の変であるが、その真相は一体どうであったのであろうか。

この点について『日本三代実録』は、善男・中庸父子を放火犯人としているが、現在ではむしろ、この父子は実際の放火犯ではなかったのではないかといわれている。

何者かによる応天門への放火、それを善男は左大臣源信を追い落とす手段にうまく利用しようとしたのではなかろうかというものである。結局はうまくいかず、もっとも有効にその事件を利用した良房にしてやられたということになる。

善男が源信を失脚させようとした理由は明らかではないが、ひとつには、実力で台頭してきた文人派能吏と旧来からの血統を誇る名門貴族との対立があったのではなかろうかといわれている。善男は政務にたけた実力派の貴族であり、文人派能吏の代表ともいうべき人物である。それに対して源信は、融・勤らと共に名門の嵯峨源氏の一族である。善男が源信を政敵とみなしたのも当然といえよう。

それに対して、良房のねらいは藤原氏による摂政政治の確立である。良房にとって、文人派能吏と旧来からの名門の嵯峨源氏とでは、血統を誇る保守的な嵯峨源氏の方がくみしやすかった。良房が善男をすて、源信の側に立ち、嵯峨源氏に恩を売る形をとったのは、この辺の事情によるのではなかろうか。

応天門の変のあと、良房が没する貞観十四年までは、文字通り良房の全盛時代といってもよいであろう。良房は摂政としての地位を保ちつつ、着々と摂関政治の足場を固めていった。応天門の変の一件が落着した十二月には姪の高子《たかいこ》を清和天皇の女御とした。高子が貞観十年に生んだ貞明《さだあきら》親王は生後三か月で皇太子に立てられている。

高子の兄は良房の養子となった基経である。その基経は、応天門の変の直後に参議から中納言にすすんでいる。実に七人をとびこえての昇進である。基経は三十一歳にして、四十五歳の嵯峨源氏の中納言源融に並んだことになる。

良房は、藤原氏の勢力を不動のものとして、貞観十四年に東一条第で六十九歳の生涯を閉じた。良房の時代には、新しい政策はほとんどみられず、その点で政治家としての良房の資質には問題があるといえる。しかし、平安京遷都後、初めての太政大臣、人臣で初の摂政となって藤原氏による摂関政治の基礎をつくったことは誰しも評価するところであり、現実的政治家として並はずれた手腕をもった人物ということができよう。

11　平将門――本当に〝天下の叛臣〟だったのか

■将門の人物像

　平将門《たいらのまさかど》の評価は戦後、大きく変化した。それまでは、水戸藩が編纂した『大日本史』の「叛臣伝」に「従属を率いて常陸・下総の間に往来し、攻剽《こうひょう》を以て事となす」とあるように、天下の「叛臣《はんしん》」とされていたのである。もっとも、将門に対して同情的な立場に立つ者もないわけではなかった。

　たとえば田口卯吉は、将門の罪を後世の史書に記されているほどははなはだしいものではないとのべているし、幸田露伴も将門のことを気の毒な人であるとして、本当に悪人であったのであろうか、と疑問をなげかけている。

　たしかに、将門の行為は反乱とされるものであったと考えられる。しかしながら、その内実を知る手がかりは思いのほか少ない。史料的には、『今昔物語集』『大鏡』『扶桑略記《ふそうりやくき》』や『神皇正統記《じんのうしょうとうき》』『大日本史』などに将門の姿を散見することができるが、これらはいずれも後世のものである。史料としては唯一、『将門記《しょうもんき》』が将門の乱の鎮圧から四か月後にまとめられたものとされ、平将門についてみるときには欠かすことのできないものといえる。ちなみに、『将門記』にも将門は「俠気《きょうき》の人」と記されている。

何よりも、関東を中心として将門の霊を祀った神社があちこちにみられることは興味深い。その代表は何といっても東京の神田神社、通称神田明神であろう。神田明神は、大己貴神《おおなむち》・少彦名神《すくなひこな》を祭神としているが、古来から将門を祀るといわれており、現在の千代田区大手町にあったものが、慶長八年（一六〇三）に駿河台《するがだい》に移転し、さらに元和二年（一六一六）に湯島台《ゆしま》（千代田区外神田）へ移って現在にいたっている。

そして、寛永三年（一六二六）には、後水尾天皇《ごみずのお》から神田明神の祭神としての将門に対して勅免が下されたりもしている。こうした将門への信仰は、御霊《ごりょう》信仰の影響が多分に考えられるが、いずれにしても時をこえた将門の人気の高さがうかがわれる。

そもそも平将門は、桓武《かんむ》天皇の曾孫である高望王《たかもち》を祖とする桓武平氏である。高望王は寛平元年（八八九）に「平」の姓を賜わり、上総介となった人物である。これを契機として、高望王は任国に赴き、任期が終えてもひき続きそこに土着し勢力を拡大した。

高望王の子孫については、系図によって多少の異なりが見られるが、長男は良望であり、この人物がのちに国香《くにか》と名を改めることになる。他に、良持《よしもち》・良兼《よしかね》・良茂・良文などの子がいたとされる。このうち、良持が将門の父にあたる。良持は良将と記されていることもある。

さて、将門であるが、彼は良持の第二子とも第三子ともいわれ、相馬《そうま》小次郎と称した。母は下総の名族である県犬養春枝の娘で、将門が相馬小次郎といっていたのは母方の県犬養氏の拠点が現在の茨城県取手市のあたりにある北相馬郡であったことによるものといわれている。そして、十四、五歳のとき父を失った将門は母や兄弟と共に県犬養氏をたよることになる。

そうした将門が都へ上って左大臣の藤原忠平《ただひら》に仕えたのは、それからまもなくのことであり、その背景には父の良持が藤原忠平と何らかの関係があったのであろうといわれている。都には国香の子の貞盛もきており、左馬允の職を得ていた。国香は常陸大掾であり、貞盛はその嫡男であった。将門も滝口《たきぐち》の武士となることができたが、いとこの貞盛と比べると経済力も遠く及ばず、とても都びといえるようなものではなかったようである。

将門が都から関東へもどってきたのは二十七、八歳のころといわれている。帰郷の理由は、検非違使《けびいし》になりたかったがかなわず、腹を立てたためといわれている。しかし、検非違使になることができなかったからといってすぐに反乱を起こしたとするのはあまりにも飛躍しすぎているという指摘もある。むしろ、東国に育ち、弓馬の術を得意とする将門にとって、都の生活は本質的になじめなかったのではなかろうかともいわれている。

■将門の乱前夜

いずれにせよ、将門は検非違使にはなることができずに帰郷することになるのであるが、このとき、藤原忠平のはからいで故郷の相馬御厨の下司に補任《ぶにん》された。

その帰郷のさいに、上野《こうずけ》国の国府の西方の染谷川で平国香・貞盛父子が将門を襲ったとも伝えられている。染谷川の戦いといわれるもので、このときは伯父の平良文が将門の味方に立ってとりなしてくれて、ことなきを得たと伝えられている。

帰郷した将門は、父の良持の拠点であった豊田郡の鎌輪に落ちつき開拓を進めていったと考えられる。このことは、当然のことながら、それまで在地に勢力をはってきた国香をはじめとする伯父たちにとって脅威であったと思われる。いわば、それまでの秩序が将門の帰郷によってひびが入ることになったのである。

こうした領地の問題に加えて、伯父の一人である良兼と将門との間には「女論《じょろん》」があったといわれている。ことの詳細は不明であるが、一説には前の常陸大掾の源護《まもる》の娘を将門が望んだがかなえられず、娘は良兼がめとったためともいわれているし、また将門の妻になった女性に源護の子である扶《たすく》、隆《たかし》、繁《しげる》らが懸想《けそう》し、良兼が扶らの側に立ったためともいわれている。さらには、将門の妾の一人であった桔梗の前に良兼が懸想していたともいわれる。いずれにしても、将門と良兼との間に女性をめぐって何らかの対立があったことは事実であろう。

こうした領地や女性をめぐる対立が合戦に発展したのは承平五年（九三五）のこ

とである。野本《のもと》合戦といわれる戦いであり、源扶、隆、繁らと将門が争った。この戦いで源護の子である扶、隆、繁の三人はみな戦死してしまった。このとき平国香らは源扶らを救援するため野本に出陣したが逆に将門に攻めたてられ、結局、国香は落命することになる。

この争いは、もとより私闘であり、将門側が一方的に悪いといったものではなかったが、争いはさらにエスカレートしていく。源護の娘を妻としていた平良正が将門に戦いをいどんできたのである。この川曲《かわわ》村の戦いでも将門は勝利をおさめた。しかし、こうした一連の戦いに並行して、承平五年の十二月には、源護によって将門が常陸大掾の平国香を殺害したとして朝廷に訴えが出されていた。

また、川曲村の戦いに敗れた良正は兄である良兼に助勢を求めていた。実際に良兼が動いたのは翌承平六年（九三六）のことである。良兼の軍には国香の子の貞盛も加わっていた。ついに良兼、良正、貞盛軍と将門軍との対立となり、私闘はますます拡大していく。この戦いにおいても将門は勝利をつかみ、良兼はからくも逃れ去った。

しかし、源護が出した訴えによって将門は都に召喚されることになる。

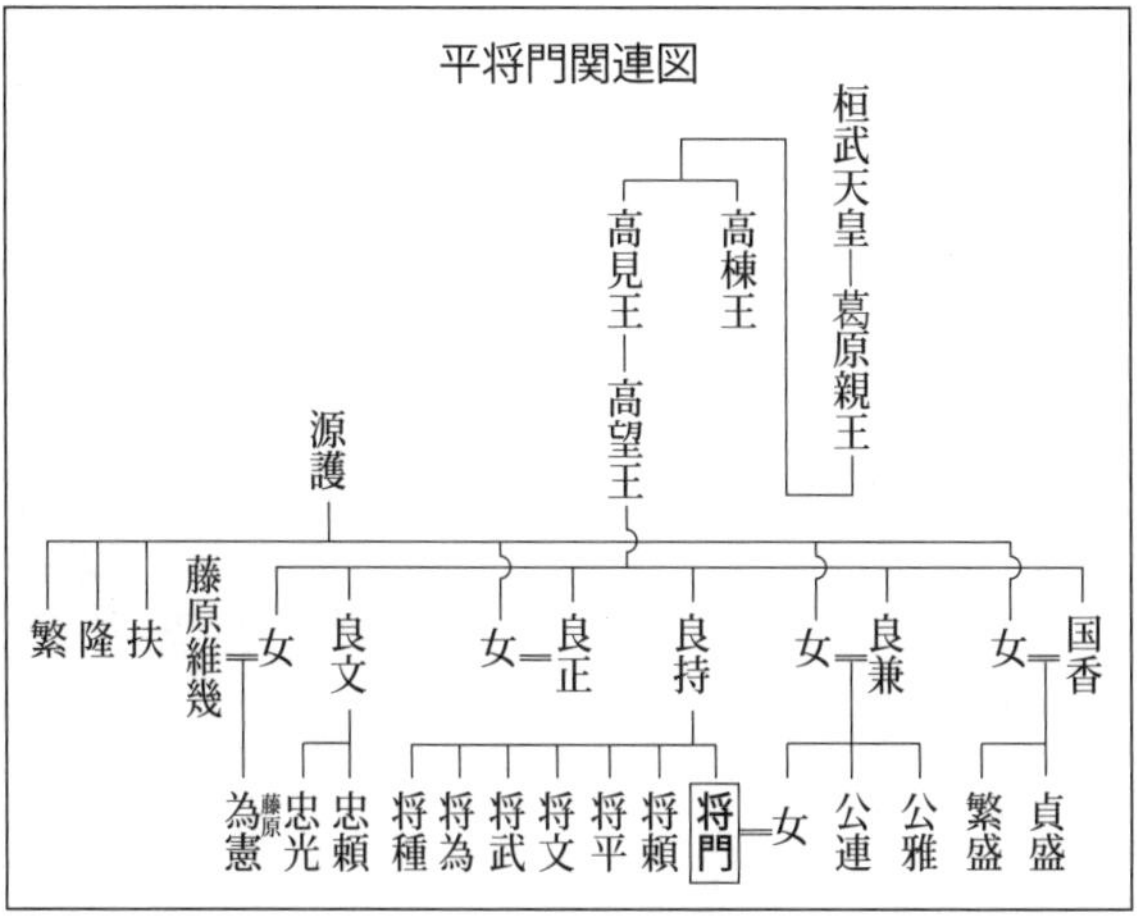

平将門関連図

このとき、かつて将門が仕えた藤原忠平は太政大臣となっており、さらに朱雀《すざく》天皇の元服による大赦が承平七年に出されたため、将門は無罪となってことなきを得るにいたった。都からもどった将門はさすがに謹慎していたようであるが、これをいいことに良兼、良正、貞盛らは再び、常陸と上総の国境である子飼の渡に攻め寄せてきた。このときは良兼の勢いがまさったようで将門の拠点の豊田郡は襲撃にあい、将門の妻子が殺害されてしまった。この事件によって、将門と良兼らとの対立はいやがおうでもエスカレートすることになる。

将門は良兼らの非道を下総国解文《げぶみ》として朝廷に訴えるとともに、自らは軍勢をととのえて常陸国真壁郡の服織《はとり》にきていた良兼を襲った。しかし、良兼らはいち早く逃げ出してしまっていて、将門はついに良兼と出会うことができなかった。その後、良兼も将門を訴え、両者の争いは泥沼化していった。

朝廷の態度も朝令暮改《ちょうれいぼかい》であり、先の将門の訴えのさいには諸国に良兼の追補を命じておきながら、良兼からの訴えが出されると今度は将門を逮捕する命が発せられた。こうした朝廷の命に諸国が従わなかったのはいうまでもないことである。

妻子を失った将門は、拠点を豊田郡から猿島《さしま》郡の石井《いわい》郷に移し、態勢のたてなおしをはかった。しかし、この石井も承平七年（九三七）の十二月に良兼の急襲を受けることになる。良兼は、八十余騎で将門の居館に夜襲をかけたのである。しかし、この夜襲は将門の知るところとなり、逆に良兼軍はさんざんな目にあって退いた。

良兼の将門に対する武力制裁がうまくいかないことをみた貞盛は、朝廷の権威を借りようと、承平八年の春二月、都へ向かって出発した。これを知った将門は兵を率いて貞盛のあとを追い、信濃国の小県《ちいさがた》国分寺のあたりで合戦におよんだが、結局、貞盛をとり逃がしてしまった。やっとの思いで都にたどりついた貞盛が将門を朝廷に訴えたのはいうまでもないことである。

この年の五月に改元があって天慶《てんぎょう》と改められた。その六月、貞盛は将門召喚の官《かん》符《ぷ》を得て帰郷したが、将門はそれに応じなかった。

■複雑化する政治情勢

このような折、武蔵国の政治状況に変化が起きた。それは、承平八年二月に権守として興世《おきよ》王が、介として源経基《つねもと》が赴任してきたのである。興世王の系譜については詳細が不明であるが、王というからにはいずれかの天皇から出た家系であろう。源経基は、いうまでもなく清和源氏の祖として知られ、六孫王といわれた人物である。

当時、武蔵国の国府は足立郡の大宮にあり、この足立郡の郡司には代々の名家として勢力のあった武蔵武芝《たけしば》がいた。そして、この武芝と新たに赴任してきた興世王・源経基との間に対立が起きてしまったのである。そもそもの原因は興世王・源経基側の強引な行動に武芝側が反発したことにある。

こうした武蔵国の不穏な状況にこともあろうに将門が介入したのである。将門は武蔵国府において三人のために和解の労をとろうとしたようである。そして、興世王と武芝との間をとりもつことには成功したが、あとからやってきた源経基に対して誤って武芝の従兵がとり囲んでしまった。経基は、将門が興世王と武芝をとりこんで自分を殺害しようとしていると思い、あわててその場を逃れ、そののち都へのぼって将門と興世王とが謀反をたくらんでいると訴えた。ここにまた事態は新たな展開をみせたのである。

さらに、その後、天慶二年（九三九）五月に興世王の上司として百済貞連《くだらのさだつら》が武蔵守に任じられた。貞連と興世王は姻戚の間柄であったが、貞連は興世王を用いなかった。当然のことながら興世王は不満であり、下総の将門を頼ってやってきて、ついにそこに居つづけるようになってしまった。この興世王に加えて、将門はもう一人やっかい者とかかわるようになってしまう。そして、このことが将門を反逆者としてしまうのである。

■乱の経過から読み解く実像

乱の発端となった舞台は、常陸国である。当時、常陸少掾であった藤原玄茂《はるしげ》の一族のなかに藤原玄明《はるあき》という人物がいた。『将門記』によると、「其の行を見れば、則ち、夷狄《いてき》より甚だしく、その操《そう》を聞けば、則ち、盗賊に伴えり」といった人物であり、官物を私物化して常陸介の藤原維幾《これちか》と対立していた。そして、維幾が官符を発して玄明を逮捕しようとしていることを知ると、玄明は妻子を伴って下総の将門のもとへと逃亡したのである。当然のことながら維幾は下総国府に対して玄明の逮捕と引き渡しを要求してくる。将門も何らかの対応を迫られることになる。

そして、将門のとった行動というのが、天慶二年（九三九）十月二十一日の常陸国への進軍ということになる。この進軍の目的は、玄明の逮捕をとりやめるように維幾に談判することであったとされているが、そればかりではなく、当時、維幾の保護を受け暗躍していた貞盛をとり除こうという意図もあったといわれている。

ともあれ、常陸国に侵入してきた将門は、玄明の逮捕をとりやめて下総国に住むことを承認するよう申し入れたが、むろん藤原維幾はこれを拒否した。この結果、将門軍は常陸国府に乱入し、『将門記』に「国の軍三千人、員《かず》の如くに討取らるる。将門が随兵僅かに千余人」とあるように戦いにおよんでしまう。

『将門記』の記載には誇張があるであろうが、国府を攻撃したということは、重大な意味をもつ。それは、いままでの将門の戦いは私闘という性格であったが、国府を攻撃するということは、とりもなおさず国に対して闘いをいどむことであり、これは反乱という意味になってしまう。

この常陸国府への攻撃については、将門も重大視しており、その年の十二月十五日付で太政大臣の藤原忠平に上申書を提出したことが『将門記』にみえる。

しかし、ことの真相はどうであれ、常陸国府を攻め、これを焼いたことは将門にとっていいのがれのできないことである。そして、何よりも勝利した将門軍の士気はいやがうえにも高揚している。こうなれば、もう誰も止めることなどできない状況といえよう。常陸国府を天慶二年十一月二十一日に攻め終えた将門は、十二月十一日には今度は下野国に軍を進めた。さらに、十二月十五日には上野国を攻め、国府を占拠した将門は、十九日にここで諸国の除目をおこない、自分自身も新皇と称した。

もちろん、将門には、除目をおこなう権限などないのであるが、逆にこのことは将門が関東をほぼ制圧したことをものがたっているであろう。そして、自らを新皇と名乗り、諸国の除目をおこなったことで将門の反乱は決定的なものとなったのである。

こうした将門の行動に対して、弟の将平や家来の伊和員経は諫言をのべたとされているが、いずれも将門のいれるところとはならなかった。天慶三年の正月、将門は再度、常陸へ進軍した。平貞盛らの所在を求めたがみつけ出すことはできなかった。しかし、貞盛の妻と源扶の妻を捕えることに成功した。将門はこの両名に対して辱めることをせず帰してやったという。

さて、こうした関東での将門の行動に対して、都では大きなショックを受けていた。『日本紀略』の天慶二年十二月二十七日条には、将門謀反の第一報が信濃国から伝えられている。動揺した朝廷は、社寺へ乱の鎮圧を祈願すると共に、藤原忠文を征東大将軍とし、弟の藤原忠舒と源経基を副将軍として征討に向かわせることにした。

しかし、藤原忠文らの征討軍が関東へ到着する前に、将門の乱はあっけない幕切れとなる。それは、下野押領使である藤原秀郷《ひでさと》の協力を得た平貞盛が下野国で兵を起こしたのである。ちょうど、将門が諸国の兵を復員させ兵力が手薄になったすきをついた挙兵であった。

ともあれ将門は手許の兵を率いて下野国へと向かった。天慶三年（九四〇）二月一日のことであった。戦いは初戦で将門軍が敗北した。勝ちに乗じた貞盛・秀郷軍は将門軍を次第に追いつめ、二月十三日には下総国の堺まで達した。

そして、翌十四日、猿島郡北山に陣をしいた将門はわずか四百の兵を率いて、貞盛・秀郷らのおよそ三千の兵に対して最後の戦いをいどんだ。そして、この戦いのさなかに将門は戦死して果てるのである。いっときは関東をほぼ制圧した将門にしては、あまりにもあっけない最期であった。

このようにみてくると、あらためて平将門の乱とは何であったのか、ということが問いなおされてくる。『将門記』を中心に将門の乱をみわたすと、国家への反逆というよりもむしろ、特定の個人との対立といった面が目立つように思われる。たしかに、常陸をはじめ諸国の国府を襲撃したり、勝手に除目をおこない、自らを新皇と称したりした点において将門の行動は反乱とみなされるものである。しかし、そこにいたるまでの経過は私闘であり、実はこの私闘の部分が圧倒的に長いのである。将門の乱の歴史的意味についてはいままでさまざまなことがいわれている。こうした論点はもちろん重要なことであるが、それと同時に将門という人物自体への評価もまた興味深いテーマであろう。

12 源経基（清和源氏）――謎に包まれた〝武門〟の源流「清和源氏」

■清和源氏の誕生

世に源・平・藤・橘とならび称される四姓《しせい》のうち、源氏と平氏はいうまでもなく武門の棟梁として知られている。平氏には平清盛が出て絶頂期を築いたせいか、多様な人材が出たような印象が強いが、源平両氏を比べてみると、源氏の方が質量ともに平氏をうわまわっている。また、源氏をただ武門の家とのみとらえるのは大きな誤りである。というのは、仁明朝から文徳朝にかけての時代、すなわち九世紀中ごろの政界をみると、左大臣となった源常《みなもとのときわ》をはじめとして、五人もの人間が朝堂に列している。さらに、鎌倉時代以降には村上源氏から二十人前後もの大臣を出しており、藤原氏につぐ有力な公家勢力となっている。

そもそも源氏とひとくちにいっても、多くの系統がみられるのである。皇族賜姓は、主として困窮した皇室経済の打開策のひとつとして奈良時代からおこなわれたが、平安時代に入ると、その例が目立って多くなった。源朝臣の賜姓もこうしたことを背景としておこなわれたもので、弘仁五年（八一四）に嵯峨天皇が源信《まこと》・融《とおる》以下、合わせて八人の皇子・皇女に与えたのが初例である。この系統が嵯峨源氏といわれるものであり、男子の名がすべて一字であることが特色である。その後、淳和・仁明・文徳・清和・陽成・光孝・宇多・醍醐・村上・花山・三条らの天皇が、皇子・皇女や皇孫子女を臣籍に降して源氏とした。これらの源氏は、始祖の天皇名を冠して、仁明源氏・清和源氏・宇多源氏などとよばれ、諸流を形成するにいたった。

こうして生まれた源氏諸流のなかでも、武門の家として重きをなしたのが清和源氏である。清和源氏とは、一般的には清和天皇の第六皇子である貞純親王の長子で六孫王といわれた経基の系統をいう。清和天皇から出た源氏、すなわち清和源氏は一世で五人が賜姓し、親王の子でも二世ですべて賜姓している。これらのうち、経基の系統がもっとも繁栄した。経基については陽成天皇から出た陽成源氏であるとする説もあるが、この経基をもって清和源氏の祖とするのが通説である。

経基は承平年間（九三一―三八）に武蔵介として下向したが、天慶元年（九三八）、任国にあったとき、権守の興世王と共に足立郡司であった武芝と争いを起こした。平将門の調停で一時はおさまる様相をみせたが、武芝側に将門が加担していると思いこんだ経基は平安京に逃げもどり、将門らが反乱を企てたと上奏した。この密告の功によって経基は従五位下に叙せられ、将門の乱の鎮圧のため、征東副将軍として征東大将軍の藤原忠文を補佐して関東へ下った。しかし、平貞盛・藤原秀郷らと戦って将門は敗死してしまったため、なすすべもなく帰京した。武将としての経基の実力については、『将門記』に「未だ兵の道に練れず」と評されており、その未熟さがうかがわれる。

その後、経基は瀬戸内海で起きた藤原純友の乱を平定するため小野好古にしたがって西へ下った。反乱を鎮圧したのち、天慶四年（九四一）には大宰権少弐として豊後国の佐伯院で賊と戦い、首領の桑原生行を捕えたりもした。経基は清和源氏の祖とされるが、まだ東国なり西国なりにしっかりとした地盤をもっていたとは思われず、この意味において武士というよりはむしろ、いまだ京を生活基盤とする皇族出身の貴族官僚といった要素が強く感じられる。武門としての清和源氏のイメージを固めたのは、その子満仲以後といってよいであろう。

■満仲一統が築いた基盤

満仲は経基の嫡男として、延喜十二年（九一二）に生まれた。越前・武蔵・摂津・常陸などの国守を歴任し、文字通り地方官としての道をあゆみ、中央では左馬権頭といった次官クラスに任じられた。特に摂津守となって以来、同国の多田荘に拠点を置くようになり、任期終了後もここに土着して武士団を形成した。『今昔物語集』には、眷属・郎党をはじめとして館の周辺には数百人の従者が居住していたとあるが、これはこの説話集が成立した十二世紀中ごろの一般的な武士団の描写でもあって、十世紀当時の状況ではないといわれている。満仲の時代の武士団はおそらく、もっと原初的なものであったであろう。

いずれにしても満仲はこのように、摂津国の多田荘に強力な地盤を築いたのであるが、一方では平安京を舞台に摂関家との結びつきを画策し、それに成功している。これは単に武力のみではなく、政治的バランスもなかなかのものであったと思われる。この満仲の政治的バランスがいかんなく発揮された事件が安和の変である。安和の変は安和二年（九六九）に起きた藤原氏による他氏排斥事件であり、醍醐天皇の皇子である左大臣源高明を失脚させた事件である。これによって、藤原氏の他氏排斥は完了し、以後、摂関が常置の体制となっていく。この事件で満仲は、藤原氏の手先となって高明に陰謀ありと朝廷に密告し、その功によって正五位下に叙せられている。

こうして中央政界に名をうった満仲は、その後も藤原摂関家と結びついた動きをみせている。たとえば、永観二年（九八四）の花山天皇の即位によって藤原惟成が台頭すると、満仲は自分の娘を惟成の妻としている。さらに、勢力が藤原兼家に傾くと、すかさず兼家に近より、兼家が花山天皇を出家させ外孫である一条天皇を立てようとしたときには、その手足となって動いたりしている。満仲は、『続本朝往生伝』のなかに、一条朝の代表的な武士五人のうちの一人に名をつらねており、武勇にもたけていたようであるが、それればかりではなく、政治的にもなかなかのやり手であったといってよいであろう。

満仲の一統は、摂津国多田荘を拠点としたことから多田源氏とか摂津源氏とかと称され、勢力を拡大した。『尊卑分脈』によると、満仲は十人の男子にめぐまれているが、そのなかでもとりわけ知られているのは、長子頼光、次子頼親、三子頼信である。このうち、父のあとを継いで多田の地を伝領したのは長子の頼光である。頼光は、三条天皇が皇太子の時代に春宮坊に出仕するなど平安京での生活が中心であったが、その間、二度の美濃守をはじめとして備前・但馬などの国守にもなっている。

こうした受領として蓄えた財力をもって、頼光は摂関家に密着していった。永延二年（九八八）に兼家が二条京極第を新築すると、その宴で三十頭の馬を贈った。また、兼家の子道長が寛仁二年（一〇一八）に土御門殿を新築すると、すかさず莫大な邸内の調度品のすべてを献上し、『小右記』に「万石数千疋を献じ了し者は多くその輩あるも未だ斯の如きを聞かず」と記されているほどである。また頼光は、摂関家と血縁関係を結ぶことにも成功している。兼家の子で道長の異母兄にあたる道綱は頼光の女婿であり、一時、左京一条にあった頼光の邸内に生活していた。

このように、頼光は満仲のあとを継いで清和源氏の嫡流を継承し、多田源氏（摂津源氏）の祖となった人物であるが、行動的にも父の満仲と非常に似た動きをみせている。

それと同時に頼光には、武者としても多くの伝説が残されている。なかでも渡辺綱・平貞通・平季武・坂田金時の四天王をひきつれて大江山の酒呑童子を退治した話は有名である。『御伽草子』に、「かの頼光の御手柄、ためし少き弓取とて、上一人より下万民に至るまで、感ぜぬものはなかりける」と称讃されているが、具体的にその実像をさぐることはまったくといってよいほど不可能である。

頼光の子が頼国であり、その子の頼綱のときから多田源氏を名乗るようになったとされる。頼綱も下野守などを歴任する一方で、摂関家とのつながりをもちつづけた。この頼綱の子のうち、明国の系統が多田氏となり、ここから多田蔵人行綱が出ている。また、明国の弟である仲政の子が、以仁王を奉じて挙兵した源三位頼政である。

満仲の二子が頼親で、大和源氏の祖となった。頼親は周防などの受領を歴任したが、なかでも大和守は三度におよび、こうしたことから大和国宇陀郡に勢力を築いた。藤原道長の日記『御堂関白記』に「頼親は殺人の上手なり」と記されたように、自らも武勇の人としてきこえたばかりでなく、郎党たちにも手荒な者たちが多かったようである。寛弘三年（一〇〇六）、郎党の当麻為頼が興福寺領で殺人事件を起こしたことに始まり、以後、興福寺・春日神社との紛争がひっきりなしに続いた。三度目の大和守のとき、子の頼房が興福寺と合戦を起こし、このことによって永承五年（一〇五〇）、頼親は土佐へ、頼房は隠岐へ配流となった。

頼親の系統では、頼房の子孫から宇野・竹田・大野などの家が出ている。これらのうち『平家物語』で、源三位頼政が以仁王に挙兵をすすめ味方になる諸国の源氏を列挙する「源氏揃」の条に、宇野氏の名をみることができる。

満仲の三子が頼信である。頼信は二十歳で左兵衛尉となり、中央政界で生活し、藤原道兼・道長兄弟に仕えた。特に道長に長く奉仕し信任されたことが、頼信にとって幸運であった。もっとも道長に信任されるまでには、貢馬をはじめとして多くの財力を費やしたことは、兄である頼光たちと同様である。その結果、『小右記』に「道長の近習」と記されるようになったのである。こうした財力は、石見・伊勢・陸奥・甲斐・常陸などの国守を歴任して築いたものであり、とりわけ河内守には二度にわたって任じられている。こうしたことから、河内国石川郡を中心に勢力をはるようになった。頼信の系統が河内源氏とよばれるのは、このことによる。

頼信の武将としての名声を高めたのは、房総に起きた平忠常の乱を鎮圧したことによる。長元元年（一〇二八）に忠常が乱を起こしたとき、まず平定にあたったのは平直方であった。しかし、直方は乱をおさえることができず、当時、甲斐守であった頼信がこれにかわった。そして、乱は平定されたのであるが、実際のところは頼信が鎮圧にくるときいた忠常は、戦わずしてその軍門に降ったといわれている。

平忠常の乱を平定したことは、頼信、そして源氏にとって大きな意味をもつことになった。というのは、この一件を通じて源氏が関東に地盤をもつようになったからである。それまでは、源氏は畿内に拠点をもち、関東は桓武平氏の地盤となっていた。それが平忠常の乱を契機として、源氏の勢力が次第に関東にまでおよぶようになったということは、源氏にとって大きな収穫といえよう。そして、それは頼信の子である頼義と、さらにその子の義家を通してさらに顕著になっていくのである。

■関東への進出

頼信・頼義・義家の三代で、源氏は関東に根をはることに成功する。この頼信の系統は、みたように河内源氏と称され、清和源氏の嫡流ではない。しかし、頼信が出てから、清和源氏の実質上の本流が、血脈上の嫡流である多田源氏から河内源氏へ移りはじめることになる。その大きな原動力となったのが、頼義・義家の父子である。頼義は頼信の嫡子として永延二年（九八八）に生まれ、平忠常の乱にさいしては父にしたがって関東に降った。若年のころより射芸の達人として知られ、相模・武蔵・下野などの国守を歴任することによって関東の武士を次第に勢力下に組織していった。

永承六年（一〇五一）に陸奥の俘囚の長である安倍頼時が反乱を起こすと、陸奥守として平定におもむき、頼時を降伏させた。しかし、天喜元年（一〇五三）に鎮守府将軍になったのち、再び頼時とその子の貞任が叛いたことから戦いとなり、康平五年（一〇六二）にいたって厨川柵《くりやがわのき》で貞任を討ちとり、乱を平定した。これが前九年の役である。頼義はその功によって、正四位下・伊予守となった。翌年、鎌倉の由比郷に石清水八幡宮を勧請して鶴岡八幡宮を建立して源氏の氏神とした。

この頼義の嫡男が、八幡太郎の名で知られる義家である。義家は石清水八幡宮で元服したことから八幡太郎と称し、次男の義綱は加茂神社で元服したので加茂二郎、三男の義光は新羅明神で元服したので新羅三郎をそれぞれ名のった。義光は佐竹・

武田両氏の祖としても知られる。前九年の役で父の頼義にしたがって乱を平定した義家は、従五位下・出羽守に任じられた。時に二十五歳であったが、このころ大江匡房《まさふさ》に「未だ兵法を知らず」と評され、かえって匡房を師と仰いだというエピソードが残されている。

永保三年（一〇八三）、義家は陸奥守兼鎮守府将軍となったが、当時起きていた清原氏の内紛に介入して後三年の役を起こした。この事件は、寛治元年（一〇八七）におさまったが、朝廷側はこの争いを私闘とみなして行賞をおこなわなかったので、義家は私財を投げうって恩賞を出したといわれる。こうしたことから東国武士の信望を集めた義家は、源氏全体の棟梁として、その確固たる地盤を築いた。

しかし、こうした義家の器量やそれにともなう信望は、貴族側にとっては警戒しなければならないものでもあった。寛治五年（一〇九一）には義家への所領の寄進が禁止され、翌年には義家が設立した荘園の停止が命じられた。これらは、義家の声望の高さを何よりも物語っているが、現実的には義家の経済力に打撃を加えられたことも事実である。

晩年の義家は、さらに苦境に立たされることになる。というのは、康和三年（一一〇一）に義家の次男で対馬守であった義親が鎮西において反乱を起こし、嘉承元年（一一〇六）には三男の義国が常陸国で騒擾事件を起こしたのである。義国は、のちに足利荘・新田荘をひらき、ここから足利・新田両氏が出るのであるが、義国自身は相当な乱暴者であったようで、「暴れん坊」と「足利」とをかけて「荒加賀入道」と称せられたほどであった。このように義家の晩年には、一族の足なみに乱れが生じたが、義親の子の為義が義家の養子となり嫡流を継いでいくことになる。

■「武門の棟梁」が為政者にのぼりつめるまで

為義は、十四歳で左衛門尉に任官し、平正盛・忠盛らと共に朝廷の武力として強訴におよぶ延暦寺などの寺院勢力の制圧にあたっていたが、康治二年（一一四三）には、当時、内大臣であった藤原頼長に仕えるようになった。これが、為義の運命を決定し、ひいては源氏の没落をも招くことになる。久安六年（一一五〇）、左大臣であった頼長が兄の関白忠通から氏長者の地位を奪ったとき、為義は子の頼賢・仲賢を動員して摂関家に伝来する重要な器物の奪取にあたらせている。そして、保元元年（一一五六）に保元の乱が起きるのである。

この乱で為義は、八男の為朝らを率いて崇徳上皇・藤原頼長方について白河殿の防備にあたったが、後白河天皇方についた嫡子の義朝の奇襲を受けて敗れた。乱後、比叡山で出家し、義朝のもとに降伏したが許されず、斬刑に処せられた。

保元の乱においては、源氏は父の為義と嫡男の義朝が、それぞれ上皇方と天皇方とに別れて戦った。その結果、乱後は勝者である天皇方についた義朝が源氏をたばねてゆくことになるのであるが、この事件はやはり源氏にとって大きなマイナスとなったことはいなめない。さらにこの時期、ライバルである平氏に清盛が出て、祖父正盛の代からの院との関係を後ろ楯として台頭の気配をみせはじめたのも、義朝にとっては無視できないことであった。

そもそも義朝は、幼少のころより関東で成長したようであり、ここを基盤に所領の拡大や武士の統合をはかっている。こうした東国経営が一段落したのち、嫡子である義平にあとをまかせ、自らは上洛して都に生活するようになり、仁平三年（一一五三）には従五位下・下野守となった。保元の乱の功によって昇殿を許され右馬権頭に任じられ、さらに進んで左馬頭となった。しかし、平治元年（一一五九）、藤原信頼と組んで起こした平治の乱では平清盛に敗れ、嫡子義平、次子朝長、三子頼朝らと戦場をからくも逃れた。美濃国の青墓で子供たちと別行動をとった義朝は、郎従の鎌田政清と共に尾張国に入り、長田忠致をたより関東へもどって再起をはかろうとしたが、忠致によって謀殺された。時に平治二年正月三日のことであり、義朝は三十八歳であった。

この十二世紀の半ばに起きた保元の乱、平治の乱によって清和源氏は大打撃を受けて、完全に平氏の風下に立つことになり、歴史の表舞台から一掃されてしまったのである。これ以後、しばらくの間は平氏の天下が続くが、これを打ち破り清和源氏に再び栄光をとりもどしたのが頼朝である。

頼朝は、久安三年に義朝の三男として生まれた。皇后宮権少進・蔵人などを歴任したが、平治の乱のさいに義朝の嫡男として初陣を飾った。乱のさなか、従五位下・右兵衛権佐に任官したが、合戦に敗れ関東へ逃れる途中、美濃で捕われて京都へ送られた。斬罪となるところを、平清盛の乳母であった池禅尼の助命嘆願によって一命を助けられ、伊豆国へ配流となった。

伊豆国での二十年におよぶ流人生活ののち、治承四年（一一八〇）にいたって、以仁王の平氏打倒の令旨を得て挙兵した。まず、伊豆国の目代で平氏一門の山木兼隆を襲い、これを打ち破ったが、石橋山の戦いで大庭景親らに敗れた。しかし、土肥実平らわずかな兵と共に安房国に逃れ、千葉常胤らの協力を得て再起に成功する。そして、駿河国の富士川の戦いで平維盛軍を敗走させ、挙兵した治承四年の末には早くも鎌倉を拠点とする地域政権を樹立した。

こうした一方で、北陸からは義賢の子の義仲がやはり治承四年に挙兵し、北陸を制圧して寿永二年（一一八三）には頼朝軍より先に上洛を果たした。しかし、義仲は京都の主である後白河法皇と折り合うことができず、両者の間には対立が生じてしまう。そこを逃さず頼朝は法皇と結んで元暦元年（一一八四）に義仲を滅ぼし、さらには一ノ谷・屋島の戦いを経て、文治元年（一一八五）に壇ノ浦で平家を滅亡させた。その功で頼朝は、従二位という高位に叙せられた。

そして、建久元年（一一九〇）には上洛し権大納言・右近衛大将に任じられ、後白河法皇が没した建久三年には征夷大将軍となり、鎌倉幕府の初代将軍となった。ここにおいて、清和源氏は有力な武門の棟梁という立場からさらに飛躍して、一国の為政者たる地位を得たわけであるが、この源家将軍も三代実朝が暗殺されるにいたって嫡流が絶えることになる。

13 高望王(桓武平氏)——北条氏までつながるその系譜を読み解く

■桓武平氏の源流

九世紀になると、天皇の子孫から源氏賜姓や平氏賜姓を受ける例がみられるようになる。すなわち、源や平の姓を賜わり、皇族の身分を離れるわけである。その理由は、何よりも経済的な問題である。平氏賜姓も諸王が増えるのを抑制し、財政の削減を目的としているといわれる。

これらのうち、桓武平氏は、桓武天皇の賜姓皇子の子孫のなかで、平朝臣を称した氏族をいう。天長二年(八二五)に、桓武天皇の皇子である葛原《かずらはら》親王が、子の高《たか》棟《むね》王らに賜姓を願い出たのが始まりである。これが桓武平氏のなかでも葛原親王流といわれるもので、ここからさらに、高棟王流と高望王流が出ることになる。

葛原親王流の他には、賀陽《かや》親王流、万多親王流、仲野親王流などがあるが、わたしたちに、最もなじみのあるのは、高望王流である。高望王流からは、のちに、伊勢平氏が出て、いうまでもなく清盛のときに絶頂をきわめることになるし、鎌倉時代に幕府の実権を握った北条氏も高望流である。

■高望王の流れ

高望王が平氏姓を賜わったのは、寛平元年（八八九）のことである。その後、上総介として坂東へ下った。このころの坂東はというと、承和十五年（八四八）には丸子廻毛《つむじ》らの反乱が上総国で起こり、さらに、貞観十二年（八七〇）には俘囚の反乱も起きたりしていた。これらに加えて、寛平元年（八八九）には、物部氏永による大規模な反乱が起き、この反乱は十年の長きにわたって東国を騒がせたといわれる。

平高望は、こうした状況下で東国へ下ったわけであり、当然のことながら治安の回復に力を尽くしたものと思われる。そして、任期を終えたあとも都へもどることなく、東国に土着したことを考えるならば、着実に自らの勢力を築いていったとみてよいであろう。子の国香が常陸大掾、良持が鎮守府将軍・下総介、良兼が上総介にそれぞれなっていることからも平高望の一族は東国の地に勢力を根づかせていったであろうことがうかがわれる。こうしたなかから登場したのが良持の子の将門ということになる。将門は乱を起こし、国香の子である貞盛らによって鎮圧されてしまう。

平将門の乱は、天慶の乱といわれ、桓武平氏としては将門を討った貞盛一族が繁栄していくことになる。すなわち、貞盛は従五位上・右馬助となり、都に進出していくと共に鎮守府将軍となり、のちには陸奥守となり東北にも勢力を伸ばした。その子孫も鎮守府将軍や検非違使といった職につき武門としての立場をたしかなものにしていった。

長徳二年（九九六）に起きた長徳の乱のさいに内裏の警固にあたった武士の中に、貞盛の子の維叙《これのぶ》と孫の維時とが含まれていた。長徳の乱は、花山法皇に矢が放たれた事件であり、これによって藤原伊周は大宰権帥に、また、弟の藤原隆家は出雲権守にそれぞれ左遷された。

■北条氏にもつながる桓武平氏

長徳の乱で活躍した平維時の子孫がのちの北条氏となっていく。北条氏は伊豆国の田方郡の北条を本拠地とした一族といわれているが、その始祖についてはあやふやな点がみられる。伊勢平氏の祖である維衡とする説もあるが、一般には貞盛の孫である維時、もしくは、曽孫にあたる直方とされている。

伊豆国の在庁官人であった時政のとき、娘の政子が流人として伊豆国にいた源頼朝の妻となったことから北条氏は大飛躍をとげ、時政の子である義時、その子の泰時と続き、鎌倉幕府の執権として重きをなすことになるが、それはまだのちのこととなる。

■伊勢平氏の誕生

平貞盛の系統では、伊勢平氏をぬきにしては語れない。伊勢平氏は貞盛の子の維衡を祖とする。維衡は兄弟の致頼と伊勢国をめぐって争い、その争いは当時、左大臣であった藤原道長にまで報告された。貞盛の系統が伊勢国へ勢力を伸ばした時期は明らかではないが、維衡は、「道長四天王」の一人といわれており、寛弘七年

（一〇一〇）には、馬一〇匹を道長に献上している。また、これにより先の長徳二年（九九六）頃には、右大臣の藤原顕光の所有であった堀河院の修理にあたったりもしている。

こうした中央の有力者たちの保護を背景に維衡は、伊勢国を拠点に富の蓄積をはかっていったと考えられるが、これらを受けて実際に伊勢平氏の隆盛の道を開いたのは、正盛である。

応徳三年（一〇八六）、白河上皇が堀河天皇に譲位したのち、院政を開始すると、正盛はその武力として活躍の場を得ることになる。具体的には、永長二年（一〇九七）、伊賀国の所領を正盛は、白河上皇の第一皇女の媞子内親王の菩提所である六条院に寄進し、白河上皇の信任を得た。これによって院の警備にあたる北面の武士となった。

さらに、康和三年（一一〇一）対馬守であった源義親が九州において狼藉をはたらき、翌年に隠岐へ流されるという事件が起きた。義親は、隠岐に五年ほど留まっていたが、やがて嘉承二年（一一〇七）に出雲国へと逃れ、出雲の目代を襲撃するにいたった。こうした事態に対して、白河上皇は、正盛を因幡守として派遣し、翌年、正盛は義親を討って都へもどった。この一件で正盛の武勇は上がったが、その一方で、義親生存説も根強くいわれ続け、折々に源義親を名乗る者が現れ、世間を騒がせたとも伝えられる。

とにもかくにも正盛は、義親追討の功によって但馬守となり、以後も隠岐・丹後・備前・若狭・讃岐といった西国の国々の受領を歴任していった。これらを通じて、富を一層たくわえると共に西国における平氏の地位を確立していったのである。

正盛の子が忠盛である。忠盛は、はじめ白河上皇に仕え、次いで鳥羽上皇の信任を受けて、正四位上・刑部卿となり昇殿を許されるまでにいたった。伊勢平氏の地位を高め、繁栄の基礎をつくったのが忠盛である。父の正盛と同様に播磨をはじめ、伯耆・越前・伊勢・備前・美作などの西国の受領となり、富を集積した。さらに、大治四年（一一二九）、保延元年（一一三五）には山陽道・南海道

桓武平氏の始祖たち

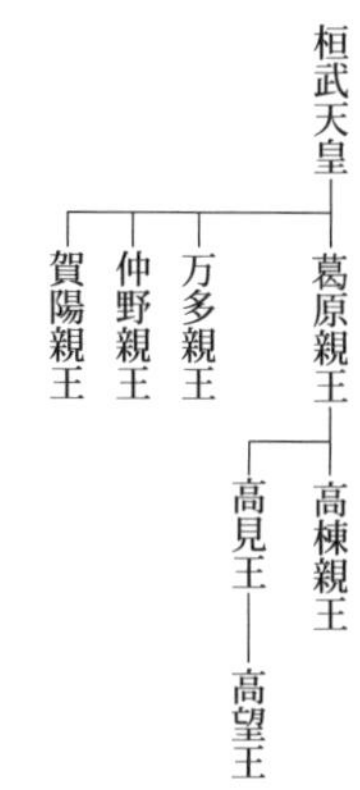

の海賊を平定して武勇を高め、西国における平氏の立場を強固なものとした。

また、白河院領であった肥前国神埼荘の荘官である預所となり、日宋貿易に関わり利益を得た。この忠盛の子が清盛であり、伊勢平氏の全盛を築くのであるが、その基盤はすでに父の忠盛、祖父の正盛によって形成されていたといってもよいであろう。

■清盛の登場

平清盛は、永久六年（一一一八）に忠盛の長男として誕生した。出生にあたっては、白河法皇の子とする説や祇園女御もしくはその妹とする説などいくつかの説があり、生まれからしてミステリアスなところがある。大治四年（一一二九）、十二歳で従五位下・佐兵衛佐に叙任という異例の出世をしていることは事実であり、人々を驚かせている。

その後も昇を重ね、三十九歳のとき、保元の乱が起きるのである。保元の乱は保元元年（一一五六）七月に天皇家内の皇位継承問題や藤原の摂関家の内紛に武士がからんで起きた事件である。

■保元の乱の経過

そもそも事件の発端は、十年以上も前にさかのぼる。永治元年（一一四一）、鳥羽上皇が藤原璋子（待賢門院）との間の子である崇徳天皇を退位させ、藤原得子

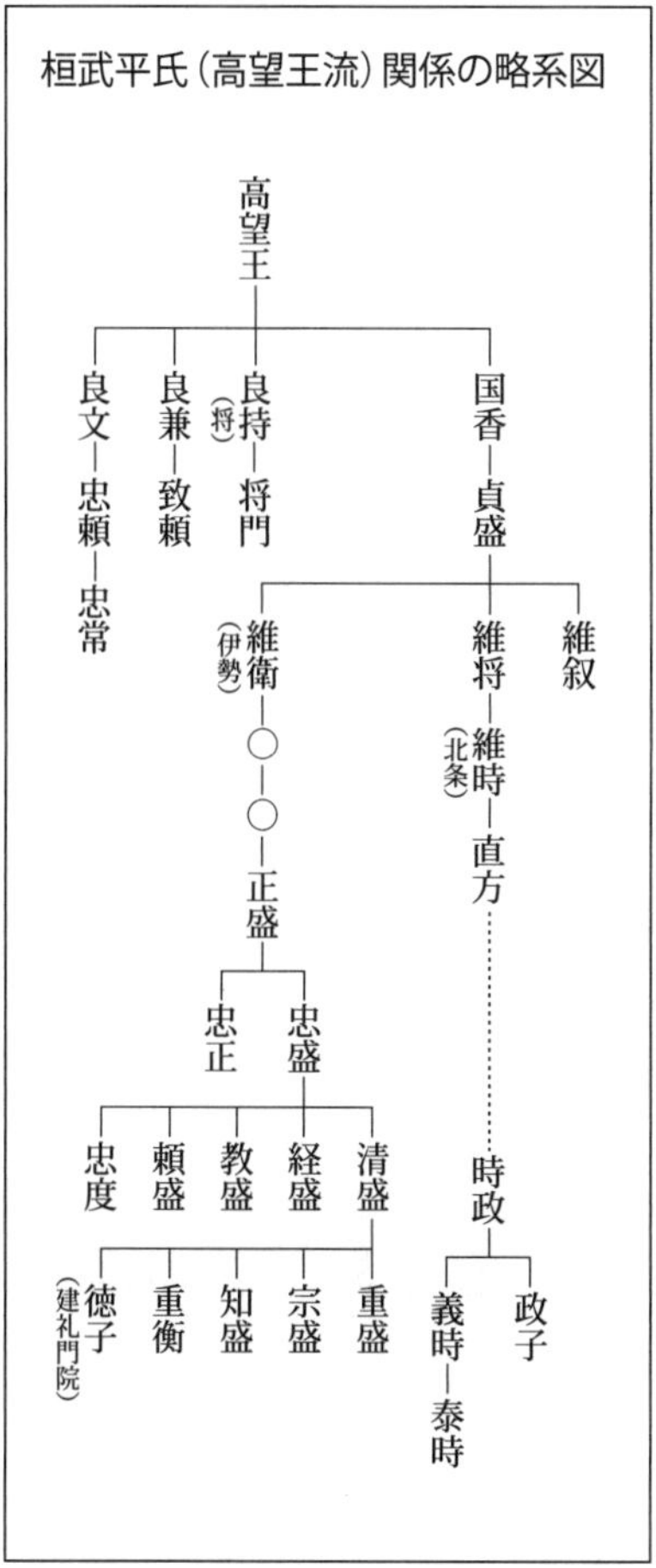

（美福門院）との子である体仁《なりひと》親王を即位させたのである。これが近衛天皇であるが、当然のことながら上皇となった崇徳はこれ以来、不満をもつようになっていった。

一方、藤原摂関家をみると、関白の藤原忠通には後継者がいなかったため、異母弟の頼長を養子に迎えたが、康治二年（一一四三）、基実が生まれると関白職を自分の子孫に継がそうと思うようにいたった。ここに、忠通と頼長との間に対立が生じるようになった。

こうしたなか、久寿二年（一一五五）、近衛天皇が崩御した。後継者争いの末、即位したのは後白河天皇である。しかし、新体制が固まらないなか、翌保元元年（一一五六）、鳥羽上皇が崩御する。崇徳上皇は臨終の前に見舞いに訪れたが面会はできなかった。鳥羽上皇が拒否したためという。

鳥羽上皇の崩御後、崇徳上皇、藤原頼長らが乱を企てているという風聞が出回り、後白河天皇は検非違使を動員して治安の維持にあたった。この動きのなかで、藤原摂関家の氏長者の立場にあった頼長の邸宅である東三条殿が没官《もっかん》されるに至った。没官とは謀反人に対する財物没収の刑である。しかし、このとき、頼長が謀反を起こした様子はなく、後白河天皇による挑発であったとされる。そして、その背後には、藤原通憲すなわち信西がいたといわれている。

進退きわまった頼長は、崇徳上皇をかつぎ挙兵の意志を固め、白河北殿に入った。頼長方についた武力は、源為義、為朝、清盛の叔父の平忠正らであった。一方、後白河天皇には、源義朝、平清盛、源頼政らが招集され、『兵範記』に「軍、雲霞の如し」といわれるほどであったといわれる。

このとき、頼長陣で軍議が開かれたさい、源為朝が夜襲を献策したところ、頼長はこれを一蹴したといわれる。頼長は信西と共に当代きっての学者であり、悪左府（切れ者の左大臣）といわれた人物で、自信もあったのであろう。しかし、源為朝は為義の八男で九州を舞台に戦いにあけくれ鎮西八郎と称された豪の者であった。

案の定、まごまごしているうちに後白河天皇側から平清盛、源義朝らによって攻撃をしかけられ、源為朝は強弓で奮闘したものの兵力の差はいかんともしがたく、戦いは後白河天皇側の勝利に終わった。

戦後処理は厳しく、頼長は戦いのさなか、首に矢を受け、それがもとで亡くなっていた。崇徳上皇は、讃岐へ流罪となった。源為義と平忠正は斬首、源為朝は伊豆大島へ流罪となった。こうした厳しい処理をしたのは信西であった。

平治の乱は、天皇家および摂関家の争いに平氏と源氏とが武力として用いられた事件である。しかし、武力としての役割ではあるが、源・平という武士勢力が都を舞台に戦闘をくり広げるまでになったことは、大きな意義といえよう。

■平治の乱と清盛

保元の乱で勝利した後白河天皇のもとで新体制をリードしたのは、側近の信西であった。その信西が武力として期待したのは、北面の武士のなかで最大の勢力を誇った平清盛であった。清盛は、保元の乱の後、播磨守となり、さらに、大宰大弐となり日宋貿易の利益を通じて経済的基盤を強めた。

しかし、信西の強引な政策は朝廷内で不満をもつ者も多く、保元の乱のわずか三年後には、平治の乱が勃発するのである。平治の乱の原因については保元の乱での論功行賞の不公平さがいわれることがある。それは、源義朝が平清盛への恩賞に比べて自身の方がうすかったことへの不満であり、これが義朝と清盛との対立を深め、平治の乱へつながったというのである。これに対しては、異論も出されており、いちがいにはいえないが、もしこのことがあったとしても、平治の乱の原因としては、さらに複雑で根深い原因があったようである。

そのひとつが、美福門院らによる東宮であった守仁親王の即位要求である。美福門院は、当時、最大の荘園領主といわれ、無視することのできない存在であった。後白河天皇、信西もこれを受け容れざるをえず、保元三年（一一五八）に、二条天皇が誕生した。これによって、後白河上皇派と二条天皇派の対立が始まるのである。

後白河上皇としては、信西が強い味方であったが、その信西も実は美福門院とのつながりをもっていたことから、結局、上皇が頼みとしたのは藤原信頼であった。

武蔵守であった信頼は、保元二年（一一五七）に右近衛中将になると、その年のうちに蔵人頭となり、翌年には参議・権中納言・検非違使別当と異例の昇進を続けた。

藤原信頼は、武蔵・陸奥国に勢力をもっており、東国を基盤とする源義朝とも関係があった。ここに、藤原信頼・源義朝派、後白河上皇派、信西派、二条天皇派と最大の武力を背景とする平清盛派といった派閥が形成されることになる。これらが自らの利益をはかって、さかんにかけひきをおこなうわけであるが、これらのなかで、最も大きな要素は、強引な政策を続ける信西をいかにして排斥するかであった。

そして、これらの派閥に動きを与えることになったのは、平清盛の熊野詣であった。

平治元年（一一五九）十二月、平清盛は熊野詣の途中で、京都において藤原信頼らがクーデターを起こしたことを知り、急ぎ帰京した。京では、信頼らが後白河上皇の御所である三条殿を襲い上皇らの身柄を確保した。さらに、二条天皇も軟禁状態にした。信西らはからくも逃亡に成功した。しかし、信西は逃亡先で発見され、自害して果てた。

こうした中で、藤原信頼のクーデターは一見、成功したかのようにみえたが、そう簡単にはいかなかった。後白河上皇は仁和寺へ脱出し、二条天皇も平清盛の邸である六波羅へと逃れたのである。そして、藤原信頼と源義朝の追討宣旨が下されたのである。

源義朝は藤原信頼とともに出陣するが、その兵力は平清盛方と比べると遠く及ばなかった。清盛側が三千騎以上といわれたのに対して、義朝の兵力はわずかに二百騎弱であり、信頼軍全体でも八百騎ほどであったという。戦いは六波羅の付近でおこなわれ、清盛軍の勝利に終わった。藤原信頼は六条河原で斬殺され、源義朝は東国へ逃れる途中、尾張国で殺害された。ここに清和源氏は大打撃を受けることになるのである。

■平氏政権の形成と滅亡

平治の乱の後、永暦元年（一一六〇）、平清盛は正三位となり、さらに、参議となった。武士で初めての公卿についたわけである。政局は、その後も後白河上皇と二条天皇との間でつな引きがおこなわれるが、清盛は双方に仕えながら一門の体制を強固なものにしていった。仁安二年（一一六七）、清盛は太政大臣となる。しかし、わずか三か月で辞任し、表向きは政界から引退し、嫡子の重盛を後継者とすることを内外に示した。清盛自身は、福原に別荘を造営したり、厳島神社の整備をしたりして日宋貿易の拡大をはかった。

その一方で、娘の徳子を高倉天皇のもとに入内させ、一門の繁栄は止まるところを知らず、平時忠が「平氏にあらずんば人にあらず」といったとされるほどであった。しかし、清盛の勢力の伸張は、当然のことながら後白河上皇ら院の勢力との対立を引き起こすことになる。治承元年（一一七七）の鹿ケ谷の陰謀は、そうしたなかで起きた。この事件は多田行綱の密告で露見したが、後白河上皇との仲は次第に冷めていった。

治承三年（一一七九）、清盛は治承三年の政変を起こし、後白河上皇を鳥羽殿に幽閉し、反平氏的な貴族たちを処断した。ここに、清盛と後白河上皇との対立はもはや決定的なものになった。翌年には、高倉天皇が譲位して、中宮であった徳子の生んだ安徳天皇がわずか三歳で即位した。しかし、この治承四年（一一八〇）、後白河上皇の皇子で即位の望みを絶たれた似仁王による平氏追討の令旨が全国に発せられ、これによって伊豆国にいた源頼朝が挙兵することになる。さらに、園城寺や興福寺の僧兵たちも反平氏的な動きをみせ、源頼朝や源義仲といった諸国の源氏の勢力も反平氏ののろしをあげるようになる。清盛はこうした状況を打開すべく福原への遷都を強行するが、反対が多く半年たらずで、もとの平安京へ都を遷すことになる。そして、平氏劣勢の中、養和元年（一一八一）、熱病にかかった清盛は六十四年の生涯を終えることになる。

清盛の死後、棟梁を失った平氏は、一の谷の戦い（摂津国）・屋島の戦い（讃岐国）をへて、文治元年（一一八五）、長門国の壇ノ浦の戦いに敗れて滅亡するのである。

初出一覧

1　卑弥呼…「卑弥呼に比定される巫女　倭迹迹日襲姫」「三韓遠征伝説の女傑　神功皇后」(『歴史と旅』臨時増刊号七八「日本古代史の一〇〇人」一九九六年一月　秋田書店)※
2　ワカタケル…「稲荷山古墳鉄剣銘の謎」(『歴史と旅』臨時増刊号八一「日本史の謎一〇〇選」一九九六年七月　秋田書店)※
3　応神天皇…「応神王朝一〇の謎」(『歴史読本』臨時増刊六四六「血ぬられた古代王朝一〇〇の謎」一九九五年七月　新人物往来社)※
4　筑紫国磐井…「磐井の乱と岩戸山古墳」(『別冊歴史読本』最前線シリーズ「日本古代史[王権]の最前線」一九九七年二月　新人物往来社)
5　聖徳太子…「憲法一七条と『三経義疏の謎』」(『歴史と旅』一九九五年一月号　秋田書店)※
6　蘇我入鹿…書き下し
7　天武天皇…「天武天皇、皇親政治を推進　天武系天皇の正統化」「大津皇子自害　天武天皇没後の政局」「藤原京遷都　遷都の目的と京域」(『歴史読本』八六号「最新情報古代史の論点」一九九八年九月　新人物往来社)

8　持統天皇…「女帝の時代　皇位継承者の確立へ」（『歴史読本』八六号「最新情報古代史の論点」一九九八年九月　新人物往来社）
9　長屋王…「道教思想と平城京貴族」（『別冊歴史読本』最前線シリーズ「日本古代史［王城と都市］の最前線」一九九九年二月　新人物往来社）
10　藤原良房…「敵対氏族は排除せよ　藤原良房が仕掛けた伴氏・紀氏の没落劇」（『歴史と旅』増刊号八九「権勢の魔族藤原一門」一九九七年一〇月　秋田書店）
11　平将門…「平将門の乱」（『別冊歴史読本』最前線シリーズ「日本古代史［争乱］の最前線」一九九八年二月　新人物往来社）
12　源経基…「清和源氏流諸氏」（『歴史と旅』臨時増刊号七二「天皇家から出た名家」一九九五年一月　秋田書店）※
13　高望王…書き下し

▼「※」のあるものは『古代史の謎と人物』（岩田書院）所収

本書は2004年に小社より新書版で刊行された『古代史を読み解く謎の十一人』を改題し、加筆・修正のうえ、再編集したものです。

青春文庫

誰《だれ》も言《い》わなかった古代史《こだいし》
謎《なぞ》の十三人《じゅうさんにん》を追《お》え！

2021年10月20日　第1刷

著　者　瀧《たき》音《おと》能《よし》之《ゆき》

発行者　小澤源太郎

責任編集　株式会社プライム涌光

発行所　株式会社青春出版社

〒162-0056　東京都新宿区若松町12-1
電話 03-3203-2850（編集部）
03-3207-1916（営業部）
振替番号　00190-7-98602

印刷／大日本印刷
製本／ナショナル製本

ISBN 978-4-413-09788-8